增加值贸易要素收益的国民属性

周琢 著

上海社会科学院出版社

目 录

绪论 ··· 1
 一、属权增加值贸易研究的目的是推动全球资源的优化配置 ········ 3
 二、属权增加值贸易研究的逻辑起点是垂直专业化分工 ············ 4
 三、属权增加值贸易研究的理论特征是要素合作型国际专业化 ······ 4
 四、属权增加值贸易研究的落脚点是本国生产要素的收益 ·········· 4
 五、属权增加值贸易的政策指向是提升本国要素的收益规模 ········ 5
 六、构建便捷的全球价值链 ······································ 5

第一章　增加值贸易的形成、动因与意义 ························· 7
第一节　增加值贸易的形成 ···································· 9
 一、增加值贸易的定义 ·· 9
 二、增加值贸易的形式 ··· 14
 三、增加值贸易的发展现状 ····································· 17
第二节　增加值贸易的动因 ··································· 23
 一、科技革新与贸易成本下降 ··································· 24
 二、两次分离与国际分工发展 ··································· 24
 三、制度自由化与贸易壁垒减少 ································· 26
 四、外国直接投资与生产要素国际流动加速 ······················· 28
 五、新兴经济体的发展与要素有效供给的增加 ····················· 29
第三节　增加值贸易的意义 ··································· 31
 一、增加值贸易与出口竞争力 ··································· 31

二、增加值贸易与双边贸易失衡 ………………………………… 32
三、增加值贸易与本国就业 …………………………………… 33
四、增加值贸易与宏观经济冲击 ……………………………… 34
五、增加值贸易与劳动生产率 ………………………………… 35
第四节 本章小结 ……………………………………………… 35

第二章 属权增加值贸易的核算 ………………………………… 37
第一节 从属地增加值核算到属权增加值核算 ……………… 39
一、属权增加值贸易与双边贸易平衡 ………………………… 41
二、属权增加值贸易与贸易便利化 …………………………… 42
三、属权增加值贸易与国际环境规则 ………………………… 42
第二节 属权增加值贸易核算的方法 ………………………… 43
一、增加值核算的文献回顾 …………………………………… 44
二、属权增加值的核算框架 …………………………………… 47
第三节 属权增加值贸易的核算 ……………………………… 52
一、属权增加值贸易核算的数据说明 ………………………… 52
二、按年份核算的属权增加值 ………………………………… 54
三、按行业核算的属权增加值 ………………………………… 55
四、按省份核算的属权增加值 ………………………………… 58
五、按贸易方式核算的属权增加值核算 ……………………… 60
六、按直接增加值的核算 ……………………………………… 66
七、按完全增加值的核算 ……………………………………… 67
第四节 本章小结 ……………………………………………… 68

第三章 属权增加值贸易的理论机制 …………………………… 71
第一节 属权增加值贸易产生的逻辑 ………………………… 73

一、经济全球化是属权增加值贸易形成的外部环境 ………… 73
　　二、全球价值链是属权增加值贸易的组织形式 …………… 76
　　三、生产要素国际流动是属权增加值贸易深化的现实基础 …… 77
　第二节　生产要素国际流动对属权增加值贸易产生的创造效应 …… 82
　　一、属权增加值贸易创造效应的作用机制 ………………… 82
　　二、生产要素国际流动对属权增加值产生创造效应的实证检验 …… 89
　第三节　生产要素国际流动对属权增加值贸易产生的分配效应 …… 96
　　一、增加值分配效应的测算 ………………………………… 97
　　二、生产要素国际流动对属权增加值产生分配效应的实证
　　　　检验 …………………………………………………… 106
　第四节　本章小结 ………………………………………………… 112

第四章　属权增加值核算下的贸易竞争力 ………………………… 113
　第一节　通行贸易竞争力分析方法中本国出口收益的不确定性 …… 115
　第二节　竞争力分析以本国要素收益为前提条件的依据 ………… 118
　第三节　以收益率修正贸易竞争力的方法 ………………………… 120
　　一、生产要素的分类——要素价格与要素收益 …………… 120
　　二、以收益率为条件的贸易竞争力评估 …………………… 122
　　三、国内要素价格水平与出口贸易竞争力的关系 ………… 123
　　四、区分要素国民属性下的贸易收益评估方法 …………… 123
　第四节　以本国要素收益-属权原则对中国贸易竞争力结构的
　　　　　测算 ……………………………………………………… 125
　　一、以属权原则的贸易竞争力计算公式 …………………… 125
　　二、以属权原则的贸易竞争力数据计算来源 ……………… 126
　　三、以收益-属权原则对中国贸易竞争力结构测算的结果 …… 126
　第五节　本章小结 ………………………………………………… 133

第五章 结论：构建便捷的全球价值链，提升属权出口增加值 137
第一节 提升基础设施质量，降低接入全球价值链的门槛 140
第二节 缩短物流时间，提高接入全球价值链的效率 141
第三节 加强中小企业全球价值链参与度，提升属权出口增加值量 143

附录 2010—2018年中国贸易增加值统计概况 146
附录1 2010—2018年中国出口总值与出口增加值的发展态势 146
附录2 中国与主要贸易伙伴的出口增加值变化趋势 147
附录3 贸易伙伴出口到中国的增加值（每1 000美元）............ 147
附录4 2010—2018年总值核算与增加值核算之间的区别 148

参考文献 150

绪 论

科学技术的发展使得全球产业完成了两次"松绑"(Baldwin,2012),跨国公司的出现使得全球配置资源成了可能,关税和非关税壁垒的下降让中间品贸易有了更多的空间。在这三者的合力下,增加值贸易成了国际贸易的重要组成部分。近些年,随着增加值贸易核算的发展,学界同仁将"增加值贸易"作为研究主题提上了日程。增加值贸易的研究为我们理解国际贸易的发展提供了新的视角,为厘清国与国之间的贸易关系提供了更为清晰的核算,为我们度量全球价值链的发展提供了新的方法,为我们制定全球投资贸易规则提供了新的依据。

本研究将对"增加值贸易"经济学含义进行深入的解读。同时,本书还将就关于如何理解属权增加值贸易与全球价值链之间的关系,如何剖析属权增加值贸易所包含的要素结构,如何解释垂直专业化与属权增加值贸易的联系,如何看待属权出口增加值占比的高低,如何把握属权增加值贸易与贸易收益之间的关系等问题,进行进一步思考和研究。主要观点可以概括为以下六点。

一、属权增加值贸易研究的目的是推动全球资源的优化配置

技术的进步、跨国公司的发展和贸易壁垒的下降使得国际分工的范围不断扩大,使得跨国公司得以在全世界范围内调配资源,全球更多的发展中国家融入世界大生产,发展中国家的闲置资源开始分享全球化所带来的红利效应。属权增加值贸易研究的核心是如何让更多的国家、更多的企业来参与产品的全球化生产,分享全球化生产所带来的产品要素生产率提升。如何参与属权增加值贸易,如何分享贸易的属权增加值是研究的关键。

二、属权增加值贸易研究的逻辑起点是垂直专业化分工

垂直专业化分工的发展和深化驱动了产品的全球价值链,使得产品生产由原先仅有一个国家生产完成,发展为由多个国家共同合作生产完成。垂直专业化分工使得最终品的要素内容由一国生产要素变为了多国生产要素。垂直专业化分割了产品的生产环节,不同的生产环节被配置到了要素禀赋不同的国家进行生产。垂直专业化分工的发展使得全球范围内更多的生产要素参与到了商品的生产过程,特别是发展中国家的闲置生产要素。产品生产过程中,上游国家生产完成的中间品,通过国际贸易传递到下游国家进行再加工,进而完成产品生产。垂直专业化分工创造了属权增加值贸易,属权增加值贸易是垂直专业化分工的结果。

三、属权增加值贸易研究的理论特征是要素合作型国际专业化

跨国公司以FDI为载体实现了生产要素的国际流动,本国要素与外国要素针对产品的某一环节进行合作生产,这一过程称之为要素合作型国际专业化(张幼文,2005)。要素合作型国际专业化使得各国要素的生产率进一步提升,产品出口增加值的规模进一步扩大。在生产要素国际流动下,要素合作型国际专业化是垂直专业化分工在产品生产层面的深化,属权增加值贸易研究本国要素的收益规模是在垂直专业化分工下要素合作的结果。

四、属权增加值贸易研究的落脚点是本国生产要素的收益

一国生产要素的收益是其在分工环节中所创造的增加值规模。增加值占出口比重的高低反映了一国垂直专业化分工程度的深浅,增加值占出口

比重越低意味着一国垂直专业化水平越高。深度的垂直专业化分工将提升产品的要素生产率,创造出更大的出口增加值规模,进而获取更多的对外贸易收益。要素的收益取决于增加值规模,属权增加值的规模取决于垂直专业化分工程度。

五、属权增加值贸易的政策指向是提升本国要素的收益规模

生产要素的国际流动深化了一国增加值贸易的要素结构,按参与产品生产的要素国民属性区分,增加值贸易可进一步分为本国要素出口增加值和外国要素出口增加值。一国出口产品的增加值中既包括了本国要素创造的增加值,也包括了外国要素创造的增加值。本国生产要素的收益是本国要素创造的出口增加值,而不完全是产品出口的增加值。本国要素的收益规模是衡量一国参与垂直专业化分工获益多少的标准,也是衡量本国要素为全球价值链所做贡献大小的标准。

六、构建便捷的全球价值链

构建便捷的全球价值链是提高属权出口增加值量的抓手。便捷的全球价值链中包括了高质量的基础设施和高效的物流体系。运输时间的下降不仅可以降低贸易成本,还可以提升产品的生产效率,从而可以提升属权出口增加值。本书最后指出政府应培育和发展中小企业接入全球价值链,进而更好地提升本国要素在出口增加值中的比重。

在研究过程中,需要注意的是:属权增加值占出口的比重高低不是一个绝对的标准。一国属权出口增加值占比的高低取决于一国资源禀赋;取决于一国的制度环境;取决于一国的科学技术水平。一国属权出口增加值占比是该国参与全球价值链的反映,但这并不是评判一国参与全球价值链福利水平高低的直接证据。一国属权出口增加值占比的高低,也不简单地代表一国所处全球价值链的位置高低。

本书分为五章,第一章:介绍了增加值贸易形成的动因和意义,进而提出了属权出口增加值的概念;第二章:给出属权增加值测算的方法,对中国的属权增加值贸易进行测算;第三章:阐述了属权增加值贸易的理论机制,介绍了属权增加值贸易形成的外部环境、组织形式和现实基础,进而分析了生产要素国际流动对属权增加值贸易所产生的创造效应和分配效应;第四章,以本国要素收益为视角,重新测算了属权出口增加值下中国出口竞争力;第五章,为结论部分,认为政府提升属权增加值的发力点,是培养中小企业融入全球价值链、提高基础设施质量和优化物流体系效率。

第一章

增加值贸易的形成、动因与意义

增加值贸易是以中间品为结算对象的国际贸易形式。全球价值链是增加值贸易展开的组织形式,增加值贸易跨国生产链的上下游连接在一起。增加值贸易生产的原因在于科技革新所带来的运输成本下降、ICT革命所形成的生产者和生产者"分离"、各国涉外制度的不断自由化、外国直接投资的发展以及新兴经济体的发展。增加值贸易的出现对一国出口竞争力的评估、双边贸易失衡的判断、本国就业的影响、宏观经济的冲击和劳动生产率的变化等经济现象都带来了新的研究视角,这些也是增加值贸易研究的价值所在。

第一节 增加值贸易的形成

国际贸易的核心内容由最终品贸易向中间品贸易转变。英国18世纪经济学家大卫·李嘉图的著名例子告诉我们:葡萄牙不用生产葡萄酒也可以消费英国的布料。大航海时代后,国际贸易已经允许消费者购买非本地生产的产品。国际贸易的发展使得产品的生产与消费相分离。20世纪90年代,随着信息技术革命和各国贸易制度不断地自由化,国际贸易所涉及的内容不仅在于产品间,更体现在产品内。国际贸易的需求方不再仅是消费者,还包括了生产者。零部件和中间品在不同国家内进行加工和增值,国际贸易作为纽带将不同的生产环节衔接在一起。国际贸易的内容也由最终品贸易转变为了增加值贸易。

一、增加值贸易的定义

跨国公司通过对外直接投资,将产品的不同增值环节配置到世界各国,实现了全球价值链的分工。于是各国出现了进口他国增值部分,在本国加工后复出口的国际贸易新现象。为了厘定各国产品出口中的本国增加值,2010年世界贸易组织提出了增加值贸易(Trade in Value Added)的概念。

增加值贸易,也称"附加值贸易"。顾名思义,增加值贸易指的是一国增加值的贸易。相对于总量贸易而言,增加值贸易测算的货值范围是一国出口(进口)中扣除他国(本国)中间品进口(出口)后的价值。增加值贸易可以分为出口增加值和进口增加值两类。一国的出口增加值是指一国出口货物中扣除他国中间品后的出口货物价值;一国的进口增加值是指一国进口货物中扣除本国中间品后的进口货物价值。

通过举例,我们对增加值贸易的定义来进一步说明。假设全世界由3个国家组成,分别为甲国、乙国和丙国。由图1-1所示,假设甲国出口100美元的产品到乙国,这一产品完全由A国生产,那么这100美元的出口即为甲国的出口增加值,因为这其中不包含其他国家生产的任何中间品。接着乙国将这一产品作为中间品进行加工,并创造了50美元的增加值,再以150美元的价格将这一产品出口到丙国,丙国最终消费了该产品。那么乙国出口到丙国的货物总值为150美元,其中包含了乙国从甲国进口的100美元中间品,乙国出口的增加值为50美元。

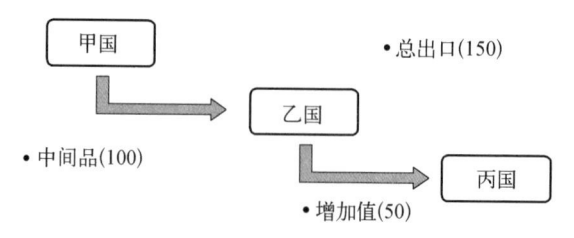

图 1-1　增加值贸易定义的说明

根据传统贸易统计,全球总进出口额是250美元,乙国对甲国产生了100美元的贸易逆差,丙国对乙国产生了150美元的贸易逆差,丙国与甲国之间没有产生贸易往来。事实上,甲国是丙国消费该产品的主要受益者。根据增加值贸易统计,丙国对乙国的增加值贸易逆差则降为50美元,而丙国对甲国的增加值贸易逆差则上升为100美元。值得注意的是,丙国对全世界的贸易逆差仍然是150美元,增加值贸易统计并没有改变丙国对全世界的贸易逆差,重要的是增加值贸易统计改变了丙国贸易逆差来源国结构。

图1-1是OECD的TIVA数据库利用全球投入产出表所计算得出的2009年世界主要国家的出口增加值。全球范围内出口增加值量排名靠前的国家依次是美国、中国和德国,分别为12 935.7亿美元、8 649.8亿美元和8 506.7亿美元。本节进一步将出口增加值与传统的总值出口数据比较后发现:世界主要国家的出口增加值量均小于传统的总值出口量。两种统计相差较大的国家依次为卢森堡、新加坡、爱尔兰。这些国家的对外贸易类型多为转口贸易,所以出口总值远远大于出口增加值,两种统计方式相差均大于40%。

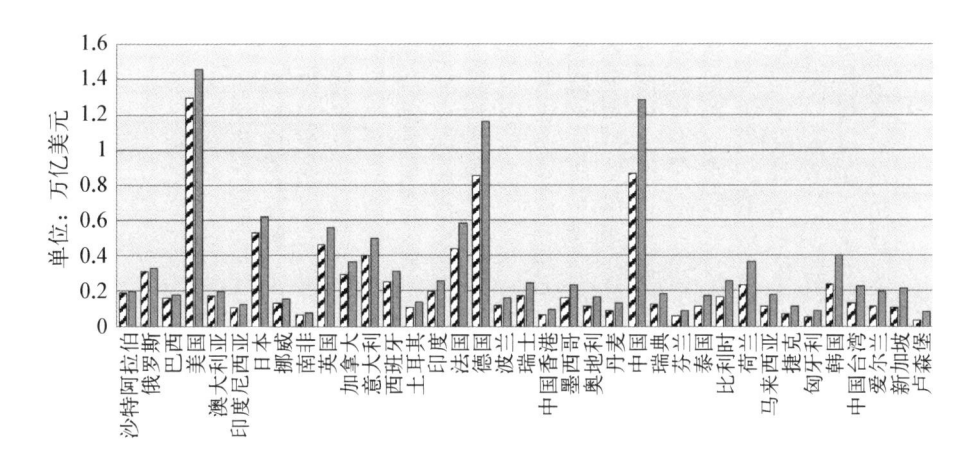

图1-2 2009年世界主要国家和地区的出口增加值与出口总值比较
数据来源:OECD的TIVA数据库,stats.oecd.org。

从图1-2中,我们发现,在传统总值贸易统计口径的出口大国中,中国的出口增加值相较总值出口量而言,大幅下降了32.63%,下降趋势最为明显。这种背离背后的原因在于全球价值链分工。在大多数出口产品中,中国主要负责最终品的组装环节,获取的增加值只是产品装配环节的增加值。按原先的总值统计无疑会夸大中国的真实出口能力。

从本国出口增加值占出口的比重看,我们分析了 2010 年按总值出口量统计的排名前 25 的国家(地区),其本国出口增加值占出口的比重情况。横轴内的括号是按总值出口量排名的顺序。通过比较我们看到,按出口增加值占比高低排名前三的国家依次是俄罗斯、印度和美国,而按总值出口量排名的话,俄罗斯排第十三、印度排第十六。同样,按总值统计,中国的总值出口量排名第二,而出口增加值占比统计,中国的增加值占比排名下滑到了第十二。按出口增加值的统计全球价值链分工,为我们理解全球分工提供了新的视角,为我们更好地还原各国对外贸易现状提供了新的方法。

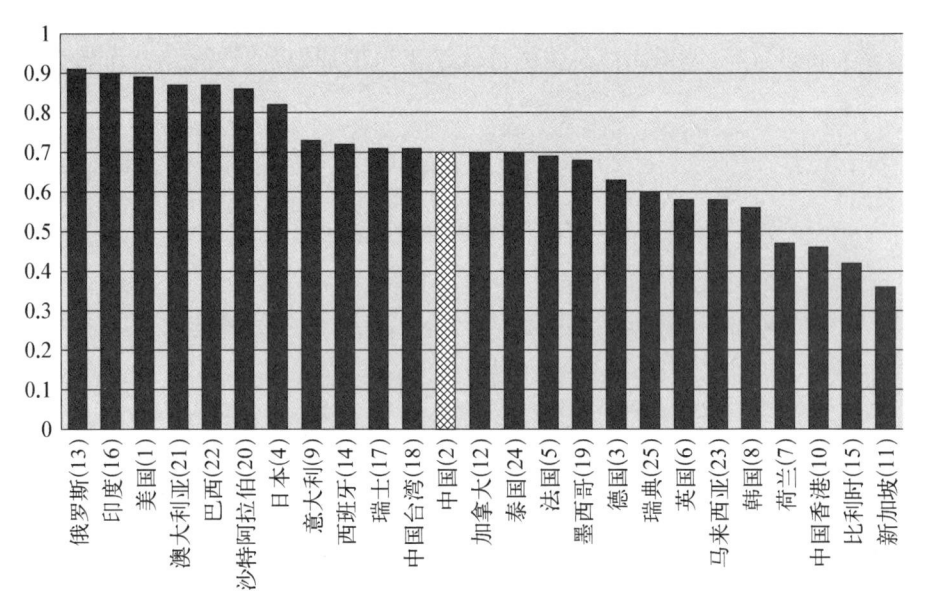

图 1-3　2010 年出口量排名前 25 的国家和地区国内贸易增加值占出口总值的比重

数据来源：OECD 的 TIVA 数据库, stats.oecd.org。

技术的革新、资本管制的放松和贸易便利化的发展使得跨国公司全球生产布局的成本日益下降。跨国公司通过外包或者一体化的方式将产品的不同生产环节配置到不同比较优势的国家,形成了垂直专业化分工。生产要素的国际流动又使得不同国家的生产要素集聚在某一国家,针对某一垂直专业化分工环节进行合作生产。本国生产要素与国外生产要素就产品的某一垂直专业化生产环节共同生产,实现了要素合作型的国际专业化(张幼文,2007)。生产要素国际流动下,要素合作型国际专业化是垂直专业化分工的生产特征,也是增加值属地和属权划分的现实依据。

(一)属地的增加值贸易

属地的出口(进口)增加值贸易是指一国国境内出口(进口)的增加值。在属地出口(进口)的增加值中,按产品的生产消费用途分,属地出口(进口)的增加值可以分为最终产品出口(进口)和中间产品出口(进口)。进一步,按中间产品的流向分,属地出口(进口)的中间品又可分为用于出口(进口)国消费的中间品、转口到第三国的中间品和经加工后返销出口(进口)国的中间品。

属地意义的增加值贸易反映了空间上一国的出口(进口)增加值贸易的能力,有利于我们在空间上重新认识一国的贸易流量、贸易流向和贸易结构。然而,属地的增加值贸易核算中既包括本国要素创造的增加值,也包括外国要素创造的增加值,依然无法还原本国真实出口的增加值;依然无法准确核算计入本国贸易收益的增加值。

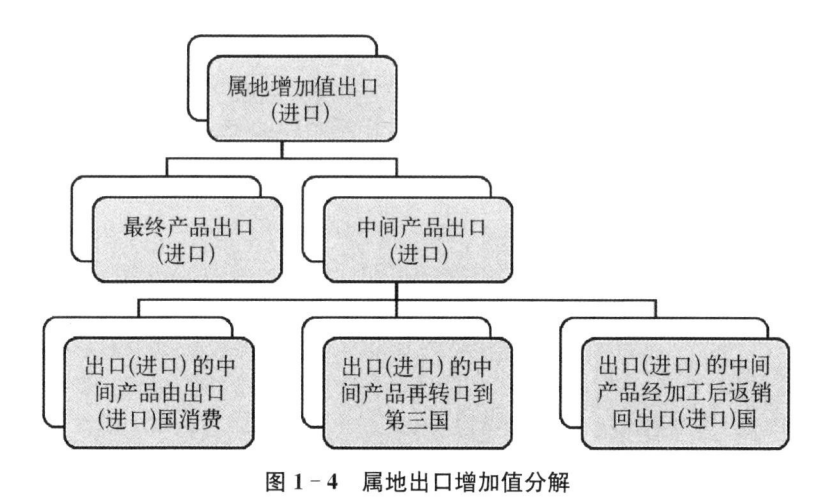

图1-4 属地出口增加值分解

(二)属权的增加值贸易

属权的出口(进口)增加值贸易是指一国具有国民属性的增加值出

口(进口)。按属权原则,一国出口(进口)的增加值可以分为本国属权的出口(进口)增加值和外国属权的出口(进口)增加值。根据收入法,一国的增加值又可被分为劳动报酬、机器折旧、企业利润和政府税收。所以,本国属权的出口(进口)增加值包括了出口(进口)产品中所包含的本国工人报酬、本国机器折旧、本国企业的利润和本国政府税收;外国属权的出口(进口)增加值包括了出口产品中所包含的外国工人报酬、外国机器折旧、外国企业的利润和外国政府税收。

隶属于本国要素的增加值和隶属于外国要素的增加值形成了增加值贸易的属权结构。增加值贸易核算的初衷,是为了厘定一国实际出口的增加值,这里对于"实际"更为贴切的理解是隶属于一国属权意义上的增加值贸易。对于属权增加值贸易的核算和剖析是增加值贸易进一步研究的方向,也是本书的核心。

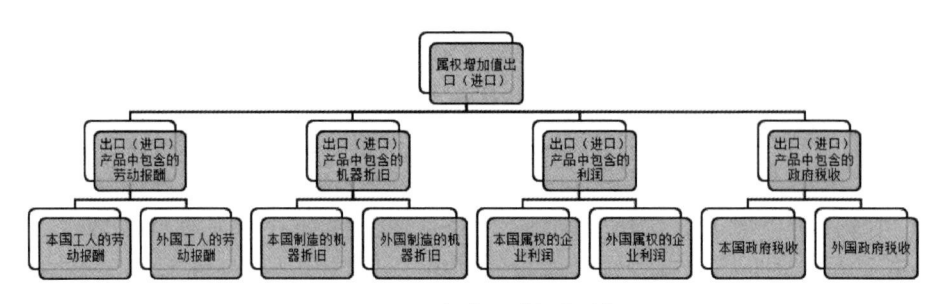

图 1-5 属权出口增加值分解

二、增加值贸易的形式

(一) 增加值贸易与全球价值链

全球价值链将产品的不同增值环节分配到不同资源禀赋的国家,增加值贸易将全球价值链中的不同增加值环节衔接了在一起。增加值贸易是全球价值链的重要表现,全球价值链是产品的全球化生产的重要组织形式。

根据联合国工业发展组织的定义(UNIDO，2004)，全球价值链[①]是指为实现商品或服务价值而连接生产、销售、回收处理等过程的全球性跨企业网络组织，涉及从原料采购和运输，半成品和成品的生产和分销，直至最终消费和回收处理的整个过程。不同价值的生产环节通过国际贸易实现连接，而此类国际贸易称之为增加值贸易。

全球价值链已经成为产品全球化生产的一个重要载体。Baldwin和Venables(2013)提出了全球价值链的两种形态："蛛网"概念(生产加工过程中的多种零部件以不特定的顺序被组装)和"蛇形"概念(生产加工过程由特定的顺序被组装，商品从上游企业到下游企业是一个连续的过程，并且在这一个过程中伴随着价值增加值)。然而，大多数全球化生产加工过程是两种方式的混合。产品的高度复杂性和特性的不同，几乎不能通过一个单一的方式去定义、测量和描绘全球价值链。杜克大学在《全球价值链倡议》中将全球价值链定义为：全球价值链描述了一项生产活动从其概念的产生到其最终使用的全部范围。

全球价值链的形成使得越来越多的国家参与了世界大生产，各国出口增加值占出口的比重从原先的100%开始逐步下降。各国根据自身不同的要素禀赋迁入全球价值链的不同位置，迁入全球价值链的国家需要从国外进口中间品，在本国境内完成对进口中间品的再生产。再生产后的产品可以分为两类，一类仍然是中间品，需要复出口到其他国家进行更为复杂的再生产；另一类则会变为最终品，直接被本国消费。作为加工复出口的中间品，其出口的增加值并不等于其货值，而是其在本国生产加工环节所创造的增加值。增加值贸易记录了全球价值链跨国中间品生产流动的全过程。

(二) 增加值贸易与中间品贸易

技术的进步、成本的降低以及资源和市场的可得性，为垂直专业化分工

---

① 全球价值链由 Gereffi(1999)提出，起初的名字为全球商品链(Global Commodity Chain)，后为了突出生产过程中企业相对价值的创造和价值的获取，Gereffi(2001)开始使用全球价值链描述这一全球生产活动。全球价值链是一种全球化的生产组织形式，各国根据自身不同的要素禀赋和制度环境进行国际分工，构成价值链中的不同生产环节。散布于全球价值链上的各国企业进行着从设计、产品开发、生产制造、营销、交货、消费、售后服务、最后循环利用等各种增值活动。

的发展提供了可能。贸易政策的透明化和自由化,更是为垂直专业化分工的发展创造了有利的外部环境。如何解析垂直专业化分工,对于我们认识当今国际贸易的发展格外重要。

增加值贸易与中间品贸易是体现垂直专业化分工的两种方式,是一枚硬币的两面。中间品贸易的测算范围是国与国之间中间产品交易的货值。而中间产品价值等于产品价值减去增加值后的价值。由此,传统的出口总值统计减去中间品贸易值即为增加值贸易值。中间品贸易值和增加值贸易值分别从两个角度刻画了垂直专业化分工对国际贸易发展的影响。两者的侧重点不同,中间品贸易强调了产品的分工细化程度和产品的生产复杂性;而增加值贸易强调了国与国之间贸易收益的分配问题。

在垂直专业化分工的驱使下,中间品贸易使得制造业产品的"原产国"变得越来越模糊,太多产品不能明确其原产国,如电子产品(苹果、联想、三星等公司的相关产品)和飞机(波音、空客和中国的大飞机等)等。这些制造业产品中包含了各国提供的中间品,中间品又通过国际贸易在某地进行装配组装,所以这些产品往往会打上"Assembled in"某个国家的标注。"Assembled in"替代了原先的"Made in",成为了中间品贸易下识别最终品来源地的新标志。

垂直专业化分工是中间品贸易产生的原因,中间品贸易是增加值贸易产生的前提。垂直专业化分工发展了中间品贸易,而正是因为存在中间品贸易,所以我们才有了核算增加值贸易的需要。中间品贸易是我们研究增加值贸易的重点,也是我们认识垂直专业化分工的关键。

(三) 增加值贸易与加工贸易

垂直专业化分工下,加工贸易是增加值贸易的重要体现。加工贸易,指从境外保税进口全部或部分原辅材料、零部件、元器件、包装物料,经境内企业加工或装配后,将制成品复出口的经营活动。

加工贸易作为一种贸易方式具有一定的中国特色。改革开放初期,为了更好地吸引外资来华投资设厂,更好地承接国际生产的转移,中国政府对于进口加工生产后复出口的产品实行保税制度,即对此类产品实行免征进口增加值和进口关税的税收优惠政策。中国海关将此类贸易统计为加工贸易。

加工贸易的特点是"两头在外",即上游产品在外国,下游产品的需求也在外国。加工贸易通过进口中间产品,在本国加工后复出口,进而实现本国增加值的出口。改革开放 30 年来,大量中国企业通过加工贸易模式参与了垂直专业化分工。从 1995 年到 2011 年,16 年间中国加工贸易平均占比 46.87%,由垂直专业分工驱动的贸易量接近中国总贸易量的一半。

加工贸易中的增值部分为本国装配加工的增加值。对于具有劳动力比较优势的发展中国家而言,加工贸易设在发展中国家的环节多为劳动密集型的装配环节,发展中国家出口获取的增加值则为装配环节工人的廉价工资。

不同贸易方式的统计为我们核算加工贸易的增加值提供了方便。加工贸易的统计强调"先进后出、二次跨境",加工贸易项下的进口在本国完成加工后需全部出口(除去少量深加工结转),完成二次跨境。所以,加工贸易的增加值贸易核算可记为加工贸易出口减去加工贸易进口。与加工贸易不同,一般贸易则强调"一次入境",一般贸易项下的进口不再出口,而是作为最终品在本国消费。一般贸易项下的出口则不包含进口的中间品。因为一般贸易出口中不包括进口中间品,所以对一般贸易的增加值核算提供了方便。一般贸易出口增加值大致等于一般贸易的出口总值(除去少量的用于一般贸易出口的进口机器设备)。由加工贸易所带来的贸易方式的核算为我们理解和核算增加值贸易,提供了一个重要的视角。

三、增加值贸易的发展现状

(一)全球增加值贸易发展的趋势

信息技术革命的突破和贸易便利化水平的提升,使得垂直专业化分工在全球范围内得以快速发展。信息技术革命使得全球的国际贸易成本大幅下降,各国的贸易便利化使得各国的对外开放水平不断上升,这些有利条件都对垂直专业化分工起到了积极的作用。在垂直专业化分工的作用下,各国的增加值贸易也得到了快速的发展。图 1-6 为 1995—2011 年世界主要国家出口增加值的发展趋势。从总趋势看,世界各国的增加值贸易都取得了一定的进步,16 年间,美国始终是世界上增加值的出口第一大国,1995 年美国的出口增加值量为 6 826.4 亿美元,2011 年美国的出口增加值量上升为 16 228.0 亿美元,上升了近 1.3 倍。在世界主要国家中,出口增加值量上升最快的国家是中国,1995 年中国的出口增加值量为 955.95 亿美元,2011 年中国的出口增加值量为 13 868.98 亿美元,超越了世界主要经济体,出口增加值量排名上升为全球第二。

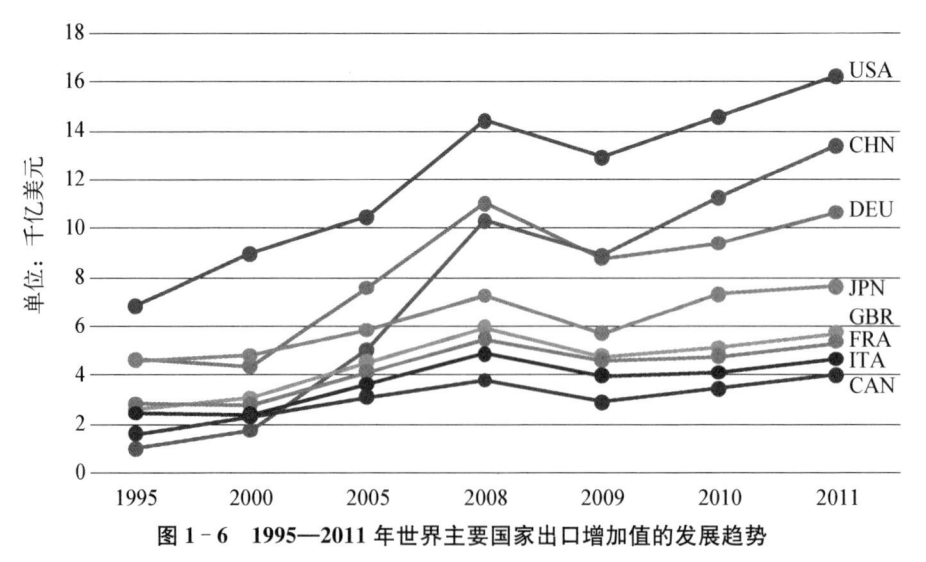

图 1-6　1995—2011 年世界主要国家出口增加值的发展趋势

数据来源:OECD 的 TIVA 数据库。

我们进一步来分析,1995—2011 年,金砖国家出口增加值量的变化趋势。从图 1-7 中我们看到,1995 年中国的出口增加值量与金砖其他国家的出口增加值量不相上下。随着中国加入 WTO 后,中国迅速融入全球价值链分工,中国的出口增加值量不断上升。我们看到在 16 年间,中国始终领跑其他金砖国家。

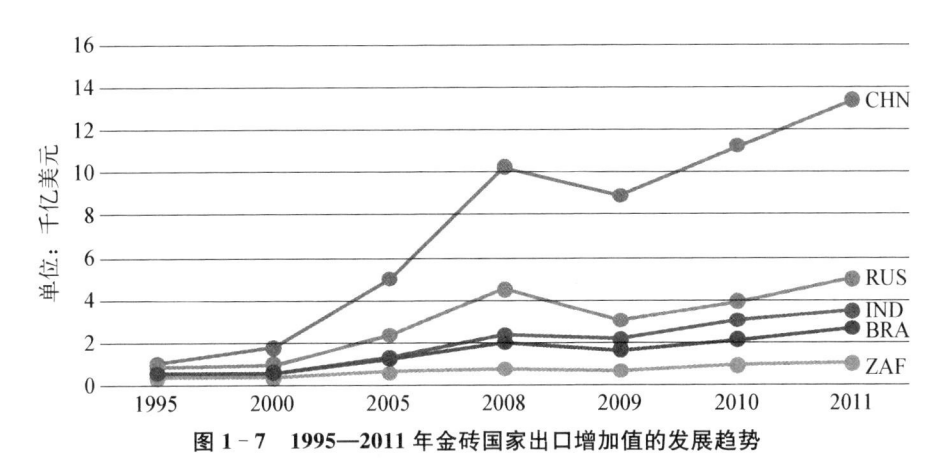

图 1-7 1995—2011 年金砖国家出口增加值的发展趋势

数据来源：OECD 的 TIVA 数据库。

图 1-8 为 1995—2011 年主要国家电子光学设备行业的出口增加值变化趋势。我们发现，在 16 年间，最明显的变化是中国的出口增加值超过了所有其他国家，成为该行业出口增加值量最多的国家。

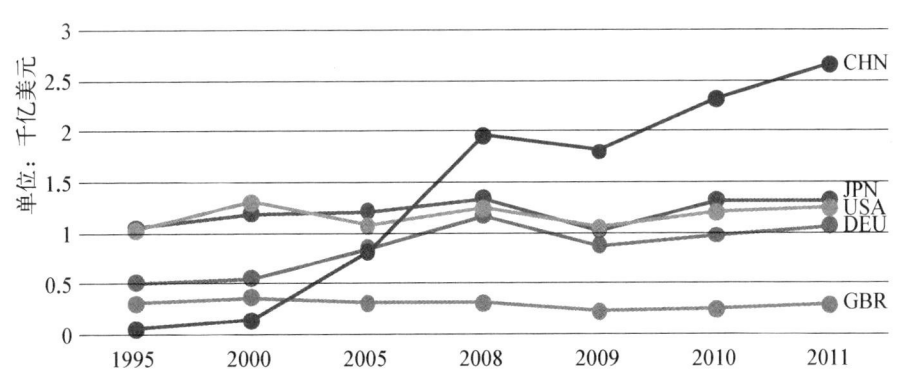

图 1-8 1995—2011 年主要国家电子光学设备行业的出口增加值变化趋势

数据来源：OECD 的 TIVA 数据库。

图 1-9 为 1995—2011 年，主要国家机器设备行业的出口增加值变化趋势。我们发现在 16 年间，该行业内德国的出口增加值量始终保持世界第一，这说明德国在该行业具有很强的竞争优势。中国的出口增加值量也在不断地超越其他国家，截至 2011 年，中国在该行业内的出口增加值量排名世界第二。

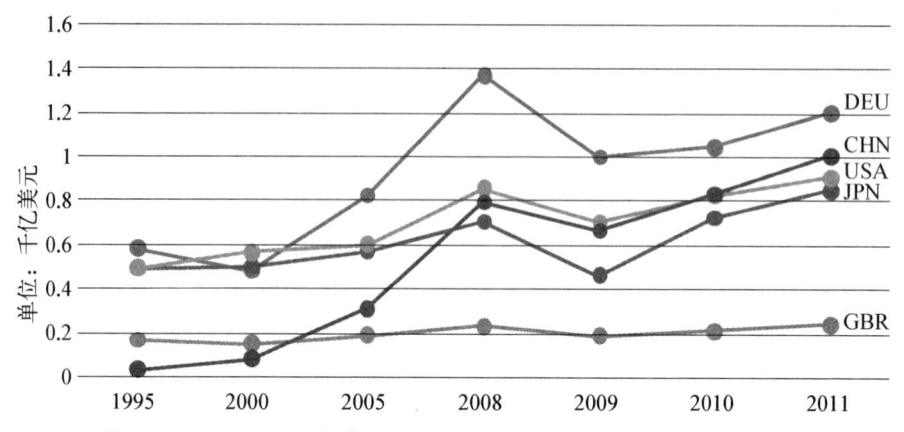

图 1-9　1995—2011 年主要国家机器设备行业的出口增加值变化趋势

数据来源：OECD 的 TIVA 数据库。

图 1-10 为 1995—2011 年，主要国家计算机设备行业的出口增加值变化趋势。我们发现在 16 年间，日本、英国、德国和美国在该行业内的增加值量几乎没有变化，而中国在该行业内的出口增加值量不断上。截至 2011 年，中国在该行业内的出口增加值量排名世界第一。

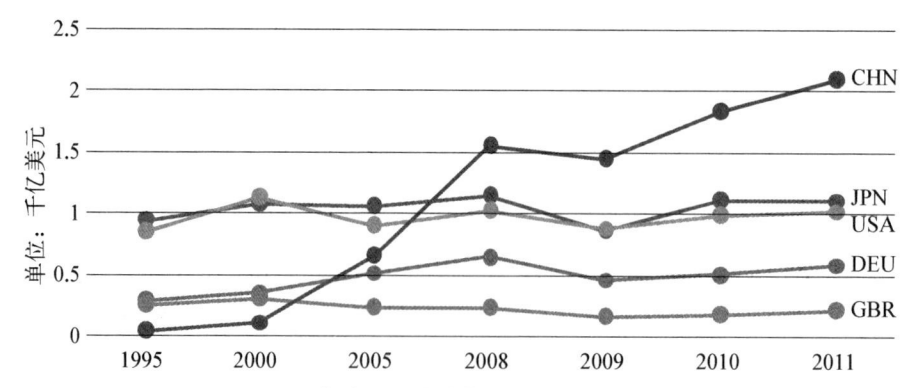

图 1-10　1995—2011 年主要国家计算机设备行业的出口增加值变化趋势

数据来源：OECD 的 TIVA 数据库。

图 1-11 为 1995—2011 年，主要国家运输设备行业的出口增加值变化趋势。我们发现，该行业内出口增加值量排名第一的国家在 16 年间几经更替。德国、美国和日本在该行业内都具有较高的竞争实力。

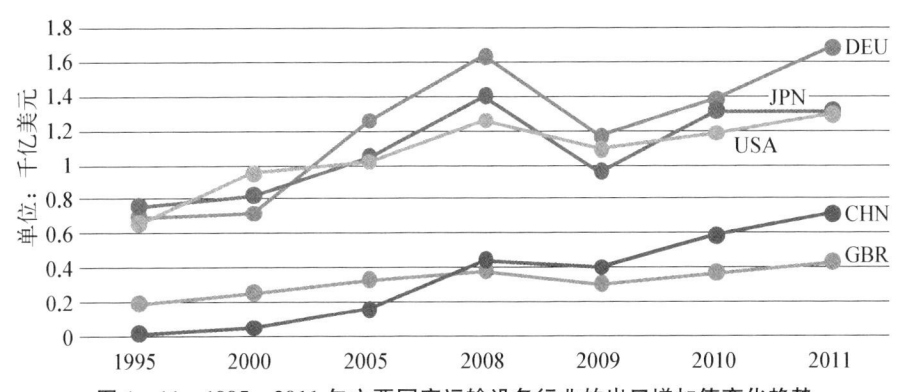

图 1-11　1995—2011 年主要国家运输设备行业的出口增加值变化趋势

数据来源：OECD 的 TIVA 数据库。

(二) 中国增加值贸易发展的趋势

改革开放 40 多年，中国对外贸易得到了迅猛的发展。1978 年中国货物进出口总额为 206 亿美元，2017 年增加至 41 052 亿美元，比 1978 年增长了 198 倍。与此同时，中国的增加值贸易也发展迅速，根据 OECD 的 TIVA 数据库，1995 年中国出口增加值量占全球出口的比重为 2.8%，2009 年中国出口增加值量占全球出口的比重上升为 8.3%，仅次于美国，排名世界第二。

表 1-1 为中国不同贸易模式的 1 000 美元出口中所含的本国增加值量，我们看到，2010 年中国每 1 000 美元出口中所含的增加值量为 628 美元，到 2012 年该指标上升至 640 美元。我们还发现，中国每 1 000 美元出口中服务贸易中所含的增加值量高于货物贸易中所含的增加值量；中国每 1 000 美元出口中的加工贸易增加值量含量普遍低于一般贸易增加值量含量。

表 1-1　按贸易方式分类的中国每 1 000 美元出口增加值变化趋势

年　份	总出口	货　物　出　口			服务贸易出口
		货物总出口	加工贸易	一般贸易	
2010	628	605	387	798	842
2011	637	617	388	796	845
2012	640	621	386	792	848

数据来源：商务部课题组，全球价值链与中国贸易增加值核算研究报告(2014 年度)。

从中国出口增加值的构成分析,根据商务部课题组的数据,2012年中国总的出口增加值中,占比重最高的为从业人员报酬,占44.1%。其次为营业盈余,占28.0%。生产税净额和固定资产折旧分别占15.5%和12.4%。

从中国的具体出口部门分析,表1-2是按OECD产业部门分类标准下中国出口部门的出口增加值变化趋势。我们看到,中国的农业和采矿业的出口增加值占比明显高于制造业的出口增加值占比。制造业部门中食品、饮料、烟草制造业的出口增加值占比最高,在1995—2010年,其出口增加值平均占比为69.02%,出口增加值占比最低的制造业行业是计算机、电子和光学设备制造业,在1995—2010年,其出口增加值平均占比为30.93%。从出口增加值增速上看,2010年相对1995年而言,所有行业出口增加值的平均增速为29.12%,其中,纸浆、纸制品、印刷和出版业的出口增加值增速最快,其增速达到了117.22%。

表1-2 按出口部门分类的中国出口增加值变化趋势

行　　业	1995年	2000年	2005年	2010年
C01T05:农牧林渔	93.0%	92.2%	89.9%	90.2%
C10T14:采矿业	65.0%	69.8%	73.4%	76.0%
C15T37:制造业	51.9%	49.4%	52.0%	59.8%
C15T16:食品、饮料、烟草制造业	61.1%	64.7%	74.8%	75.5%
C17T19:纺织、纺织服装和皮革,鞋业	56.7%	61.8%	69.1%	73.6%
C20T22:木材加工、造纸、纸制品、印刷及出版业	49.8%	48.8%	62.7%	61.1%
C20:木材、木材加工及软木	65.3%	62.3%	72.1%	64.6%
C21T22:纸浆、纸制品、印刷和出版业	26.8%	31.8%	50.1%	58.3%
C23T26:化学原料及化学制品制造业	50.5%	50.1%	56.5%	61.1%
C23:石油加工、炼焦及核燃料加工业	41.8%	39.2%	48.0%	54.7%

续表

行　　业	1995年	2000年	2005年	2010年
C24：化学原料及化学制品制造业	43.7%	44.4%	53.6%	58.2%
C25：橡胶和塑料制品业	49.2%	49.7%	55.7%	63.4%
C26：非金属矿物制品业	78.5%	77.1%	73.0%	72.3%
C27T28：金属及金属制品业	65.6%	61.4%	66.8%	69.2%
C27：基础金属业	74.5%	72.3%	72.7%	74.8%
C28：金属制品业	51.4%	50.9%	59.5%	62.8%
C29：通用设备制造业	60.0%	61.0%	65.2%	70.5%
C30T33：电气和光学设备制造业	27.4%	24.7%	33.0%	45.5%
C30T33X：计算机、电子和光学设备制造业	26.3%	22.5%	31.2%	43.8%
C31：电气机械及器材制造业	30.3%	31.8%	43.2%	53.9%
C34T35：交通运输业	53.1%	57.4%	61.3%	71.0%

数据来源：OECD的TIVA数据库。

第二节　增加值贸易的动因

在过去的30年里，运输和通信成本的下降、科技的快速进步、政治经济壁垒的降低、资本流动的放松管制和新兴国家的崛起等，都被认为是增加值贸易的主要驱动力。世界贸易组织（2008）认为驱动增加值贸易的两大重要因素分别是：第一类因素为国际贸易成本的减少，在这其中包括了各国关税税率的降低，运输和通信成本的降低以及国际货物运输时间的减少。第二类因素为离岸外包管理成本的下降。在这其中包括了搜寻成本以及监控、协调国外活动的成本下降。Baldwin（2013）认为，协调成本的下降有利于推动专业化分工，增加值贸易的发展是跨国公司在专业化分工和协调成本之间的权衡。

一、科技革新与贸易成本下降

科技进步是增加值贸易发展的关键驱动力。科技进步降低了贸易成本，推动了垂直专业化分工，促进了增加值贸易的发展。科技进步使得全球化生产成了可能，为生产国际分工的实现提供了物质基础。信息、远程通信和运输技术的改进和提高对于协调产品生产活动起到了积极的作用。科技、信息和通信领域的技术发展决定了国际贸易的成本。随着这些成本对国际分工的重要性不断加大，技术进步对增加值贸易产生的影响也不断上升。

运输技术的进步深度影响着增加值贸易的发展。通信技术的急速发展使得国际分工不再局限于产品或者产业的层面上，而体现在更精细的水平上。这样一来，将出现大量的国际贸易新问题，比如生产地的选择、贸易对于要素价格的影响、收入分配等。

重要创新在增加值贸易的发展中起着重要的作用。运输的速度和可靠性是影响增加值贸易的重要因素，特别是当集装箱被广泛运用于海上运输后，大幅下降的运输成本对国际贸易产生了巨大的影响（Bernhofen et al.，2016）。运输的速度和可靠性影响着交货的及时性，国际供应的持续性，这些因素将会影响到全球价值链的发展。这个论点也得到了证据的支持，即中间投入的贸易增长份额是由飞机运输的，这是一种快且相当昂贵的运输方式。如 Hummels（2007）所谈论的，在过去几十年中，航空运输实现了飞速的技术变革，包括航空电子设备的改善、机翼设计、材料和最重要的采用喷气式飞机发动机，这种发动机速度更快，燃料效率更高并且更可靠。Hummels 和 Schaur（2013）研究了企业在空运和海运之间的选择，发现零部件贸易对时效性更加敏感。这些结果表明了快速运输相对成本的减少和生产国际分工增长中间存在重要联系。Nordas（2006）也证实了时间作为一个竞争因素的重要性。

二、两次分离与国际分工发展

Richard Baldwin（2006）著名的"两次松绑论"为我们理解国际贸易的发

展提供了一个很好的解释。"两次松绑论"告诉我们：国与国之间的联系正从最终品贸易转向中间品贸易，货物贸易正向任务贸易转变。

理查德·鲍德温解开了近几十年来全球价值链涌现的动态。当帆船和马车还是由贵族享用时，很少有产品可以实现在空间上的运输，更不用提国际上运输。每个国家、每个城市、每个村庄消耗的物品都是本地区自行生产。生产和消费在地理上捆绑在一起。

鲍德温（2006）将20世纪国际贸易的主要变化概括为两种连续的分离。鲍德温认为直到19世纪后期，工厂才有一个完整的生产结构。那时的工厂内的零部件要么在本地相继生产，要么在邻近消费者的区域生产。然后，蒸汽动力使得运输费用极大减少，从而使得生产和消费在空间上得以分离，他所称之的"第一次巨大的分离"。因为蒸汽动力推动了航运和铁路的创新，从而从根本上降低了运输成本。在这个过程中，规模经济和比较优势又进一步促进了第一次分离过程。因此，我们可以看到，货物在一个国家制造完成后，运输到另一个国家，在另一个国家市场上销售。第一次分拆给国际贸易的发展带来了积极影响，国与国之间的关系通过贸易的联系而变得更加紧密，世界市场开始形成，此时的贸易增加值相当于货物最终品的价值。

20世纪80年代，电信的发展与计算机能力，传输能力和应用软件的巨大进步结合在一起，形成了ICT革命。信息通信技术（ICT）革命降低了国与国之间的交流成本、公司之间的沟通成本，进而促进了信息的分流，信息可以在国与国之间更好地流动，因此公司实现了生产的分拆，生产被拆分成不同的阶段，进而有了所谓的"第二次大分离"。"第二次大分离"使得公司有条件根据各国的比较优势，将生产的不同阶段，配置到不同国家，由此产生了21世纪的国际贸易。在这个过程中贸易的内容由最终品变为了中间品。

第一次分离实现了生产者和消费者在空间上的分离；第二次分离实现了生产阶段的分离，一个产品被分成若干个生产阶段进行生产。这里需要特别之处的是，在两次分离之后，贸易已经不再是生产的结果，贸易更多地表现为先投资后生产的结果。由于产品需要实现生产阶段的分离，所以在产品生产之前，各个生产阶段会按照各国国家的比较优势进行分配。这个分配过程体现为公司的对外投资。公司对外投资的主要内容是机器设备，各国通过进口其他国家的中间品，在作为投资品进口的生产线上，实现产品的分段化生产。产品的分段化生产过程是本国要素和外国要素合作专业化的生产过程。本国生产要素指的是当地的劳动力，外国生产要素指作为设备投资的机器，本国生产要素和外国生产要素合作对于上一生产环节完成的中间品进行加工，形成本地的增加值。

第二次分离所带来的产品分段化生产，推动了增加值贸易的发展。企业可以将其一项或多项生产活动外包给国内或国外（离岸外包）。可靠和便捷的国际贸易环境确保各国之间的投资变得有序，商品和服务的流动变得更为流畅。随着生产流程变得日益复杂和生产地点日趋分散，更多的生产环节被分布到全世界各国。

从消费者与生产者地理位置的拆分到生产者将生产阶段地理位置的拆分，国际贸易实现了从最终品跨境流动到了中间品跨境流动。在这样的生产环境下，增加值贸易的重要性不断上升，从根本上改变了国际贸易和投资的本质。

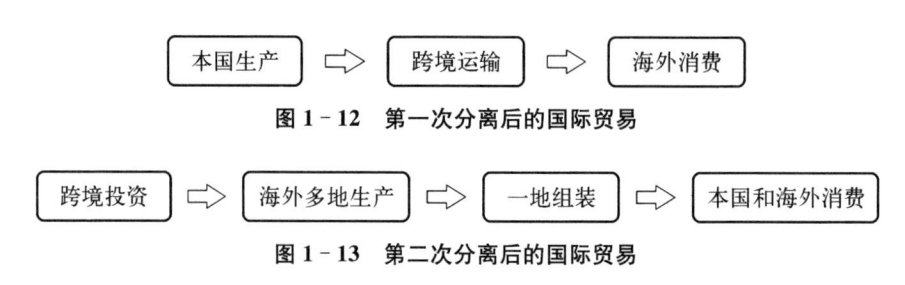

本国生产 ⇨ 跨境运输 ⇨ 海外消费

图 1-12　第一次分离后的国际贸易

跨境投资 ⇨ 海外多地生产 ⇨ 一地组装 ⇨ 本国和海外消费

图 1-13　第二次分离后的国际贸易

三、制度自由化与贸易壁垒减少

各国涉外经济的制度正在变得更加自由，这一发展趋势始于 20 世纪的五六十年代。随着第二次世界大战的结束，各国纷纷都开始进行战后重建，各国都需要一个开放自由的外部环境。开放的外部环境有利于形成一个巨大的外部市场，这一巨大的外部市场可以对各国形成一个外部需求，这一环境有利于各国当时的经济发展。另一个时代背景是美国的马歇尔计划，马歇尔计划旨在西方世界形成一个相对开放的统一市场，进而促进西方各国的经济复苏。

在这样的时代大趋势下，各国开始纷纷改变自己的对外制度环境，使得自己国家的对外制度变得更加自由化。自由化的制度主要表现为关税和非关税壁垒的大幅下降和投资领域的大幅放开。关税的下降和投资领域的放开促进了各国对外贸易的发展,也为增加值贸易的发展提供了有利的外部环境。

关税的大幅下降,促进了垂直专业化分工,带动了增加值贸易的发展。自从"二战"以后,通过连续多轮谈判,有关贸易的区域协议开始逐个生效,制成品的关税大幅降低。2010年世贸组织成员的制成品平均实施关税低至2.6%。关税的下降对于各国的贸易发展起到了重大的作用,特别是对于中间品贸易而言。全球价值链的组织方式需要在多个国家对中间品进行加工,每次跨境都需要缴纳关税,因此多次跨境累积形成的关税对于垂直专业化分工会产生负面的影响。当货物跨越国界次数增加时,关税贸易壁垒的成本会放大。关税的下降,特别是中间品关税的下降,可以减少迂回生产所带来的制度成本,从而促进国与国之间的垂直专业化分工,产生更多的增加值贸易。

在非关税壁垒方面,"二战"之后,大多数加工和组装活动都发生在具有特殊行政和监管地位的专用区域,许多国家将这些专用区域称之为"出口加工区"(EPZ),国际劳工组织(ILO)将出口加工区定义为"具有特殊优惠政策吸引力的工业区"。"出口加工区"极大地满足了产品外包生产的需要,这些"出口加工区"的成立促进中间品贸易,从而带来了增加值贸易的发展。

根据国际收支统计(BOP)统计,估计约1/5的发展中经济体的出口来自出口加工区,而进口方面的份额约为13%。1959年爱尔兰香农成立了欧洲最早的出口加工区。1965年印度Kandla成立了亚洲最早的出口加工区。在20世纪60年代,出口加工区在中国台湾地区取得了巨大的成功,园区吸引了大量外国公司投资设厂。1970年韩国将出口加工区纳入其出口导向增长战略。在随后的几年里,出口加工区和类似的海关特殊监管区域在菲律宾、马来西亚、斯里兰卡、泰国、孟加拉国和巴基斯坦等国迅速崛起。在亚洲以外,出口加工区对南美和中美洲和加勒比地区也非常重要。在非洲,一些国家也已经开始重视出口加工区的作用,希望通过出口加工区,来吸引更多的外国投资者,进而带动本国的对外贸易发展。

1979年,中国政府决定实现改革开放战略,大力推行出口加工区,实行出口导向政策。中国的出口加工区吸引了大量的外商直接投资。外资企业在出口加工区内进行加工贸易,进口他国中间品,进行组装加工并进行复出口。出口加工区的建立对于中国对外贸易的发展具有积极的作用,使得中国有效地加入了全球价值链体系。

四、外国直接投资与生产要素国际流动加速

增加值贸易发生的动因之一在于外国直接投资的发展。跨国公司外国直接投资的实质是全球配置生产要素。跨国公司将自身的优势要素与全世界各国的优势要素相结合,实现资源的优化配置。生产要素的国际流动可以提高跨国公司产品的生产效率,降低相应的产品成本,进而创造更多的贸易增加值。

外国直接投资(FDI)的发展是"二战"以后影响世界经济发展的重要特征。根据亚太经济合作组织的数据显示,随着各国对外经济制度的不断放松,全球的对外投资都呈现出上升趋势。相对于1989年而言,2016年全球FDI的流入量增加了15 494.85亿美元,上升近8倍,全球FDI的流出量增加了12 215.51亿美元,上升了5倍多,全球FDI的流入存量上升了248 960亿美元,上升了13倍多,全球FDI的流出存量上升了242 313亿美元,上升了12倍多,全球FDI流入存量占全球GDP的比重从1989年的8.97%上升至2016年的35.07%。

表1-3 全球FDI发展趋势

	1989年	2016年
全球FDI的流入量	1 969.39	17 464.24
全球FDI的流出量	2 309.12	14 524.63
全球FDI的流入存量	18 322.5	267 282.56
全球FDI的流出存量	19 284.52	261 597.08
全球FDI流入存量占全球GDP的比重	8.97%	35.07%

数据来源:亚太经济合作组织数据库,statistics.apec.org。

外国直接投资是跨国公司全球经营的客观需要。

(一) 跨国公司通过外国直接投资跨越东道国的贸易壁垒

在各国对外贸易制度中,关税和非关税壁垒或多或少影响着一国的对外贸易,跨国公司可以通过外国直接投资在东道国设厂生产,进而绕开国际壁垒,直接在东道国销售。

(二) 跨国公司通过外国直接投资优化配置资源

外国直接投资是跨国公司全球配置资源的重要路径。跨国公司通过对外直接投资,将机器设备配置到东道国,与东道国优质的劳动力资源共同对产品进行专业化生产。

随着全球价值链的不断发展,关税和非关税壁垒的下降,优化资源配置是当前跨国公司外国直接投资的主要目的。跨国公司通过生产要素的国际流动,有效地调节了不同国家间,不同地区间和不同产业间的要素比例关系,从而激发了产品生产率的提升,更为重要的是降低了产品的价格。全球配置资源有助于跨国公司扩大其生产规模,提高其劳动生产率,提升其出口竞争力,将更多的生产要素融入了全球价值链分工,促进了一国增加值贸易的发展。

五、新兴经济体的发展与要素有效供给的增加

20世纪后半叶以来,新兴经济体的对内改革和对外开放取得了巨大的发展,为国际贸易的发展提供了新的空间。改革和开放所释放的剩余生产要素,增加了全球范围内的要素有效供给,进而为增加值贸易的发展提供了优质且廉价的生产要素。

新兴经济的对内改革主要是理顺了市场经济和计划经济、农村部门和城市部门,国有企业与非国有企业之间的关系。通过对内改革,新兴经济在农村部门释放了大量剩余劳动力,这些劳动力进城后,为新兴经济体的制造

业部门发展提供了源源不断的产业工人。

随着新兴经济体的国内改革,新兴经济的工业结构也产生了巨大的变化。以韩国为例,1961年农业在韩国国民经济中的比重为47.4%,1985年农业在韩国国民经济中的比重下降至15%,同期,制造业的比重从16.5%上升至33.4%。这一现象背后的重大原因是要素供给的结构发生了新的变化。

新兴经济体的对外改革是建立了一套"出口导向型"的对外开放制度。新兴经济体的对外改革主要涉及3个方面:

第一,降低关税和非关税壁垒。

新兴经济体在20世纪后半叶纷纷加入了世界贸易组织,在世界贸易组织的框架下,新兴经济的关税水平和非关税壁垒不断下降,这一举措有效地深化了国际分工,促进了增加值贸易的展开。

第二,鼓励外国直接投资。

外国直接投资给新兴经济体带来的直接帮助,提升了新兴经济体的制造业水平。跨国公司通过外国直接投资,将先进的生产技术和设备配置到新兴经济体,有效地将新兴经济体改革所释放出来的剩余劳动力转化为产业工人。从外国直接投资的领域看,跨国公司所投资方向大多是出口部门,跨国公司通过进口他国中间品,在新兴经济体国家进行装配加工,进而再出口到世界其他国家。所以,我们看到,伴随着外国直接投资的进入,新兴经济体的中间品贸易实现了迅速的增长,增加值贸易取得了巨大的发展。

第三,设立出口加工区。

出口加工区是新兴经济体对外开放过程中成功的制度创新。在出口加工区内的加工产品不仅可以豁免进口关税,还可以免征进口增值税。中间品贸易的特点是货物多次跨境,多次跨境所带来的关税累积效应是影响产品分工程度和产品成本高低的关键。所以,出口加工区的相关关税举措对于增加值贸易的发展影响重大。

新兴经济体的对内改革和对外开放为全球价值链分工打开了空间,注入了新的活力。全球范围内的生产要素供给明显增加,分工进一步深化,由产品分工推进到了要素分工,由中间品贸易所形成增加值的出口规模不断上升。

第三节　增加值贸易的意义

随着全球价值链分工下垂直专业化的发展,全球产品生产被不断分割,进口他国中间品在本国进行加工后复出口的现象成为各国对外贸易的新现象。传统的总值贸易统计已经失去了其原先的统计学意义,增加值贸易计算才能更好地反映一国出口中发生的实际增加值,进而对于出口竞争力问题、双边贸易失衡问题、宏观经济冲击问题、本国就业问题和劳动生产率问题给出更好的经济学解释,作出更好的政策建议。

一、增加值贸易与出口竞争力

一直以来,我们将一国某一产业出口量的大小视为该国该产业出口竞争力的高低。但是,随着产品全球分段生产的发展,一国某一产业的出口总量已经不能完全反映一国的出口竞争力。一国的出口竞争力更多地体现在该国在该产品生产过程中所获取的增加值。

融入全球价值链,参与增加值贸易,为一国获取出口竞争力提供了平台。在产品分段化生产的环境下,一国的出口竞争力首先体现在进口活动中。20世纪80年代之前,一些发展中国家一直将"进口替代"战略视为其主要的国家发展战略。发展中国家认为在本国建立起相关产业,减少对外的"依赖",从而提高本国产业的核心竞争力。在此过程中,本国政府往往在关税和非关税壁垒上做文章,通过提高进口关税率来实现保护本国产业的目的。从历史的经验看,类似的"进口替代"战略都没有取得相应的成功。相反,"出口导向"战略却取得了巨大的成功。"出口导向"战略背后的关键是降低中间品的关税,从而让本国更好地融入全球价值链。

融入全球价值链是提升一国出口竞争力的第一步。进口他国中间品,在他国中间品的基础上再加工，实现本国出口的提升。中国就是最好的例子，中国通过自身的改革，加入WTO，降低关税，建立出口加工区，进而实现出口量飞速发展。

在融入全球价值链的前提下，获取更多的出口增加值是一国出口竞争力提升的关键。产品生产的国际分段使得各国仅获得本国生产阶段所创造的增加值。衡量一国增加值的大小是判断一国出口竞争力的依据。在苹果手机生产过程中，中国所承担的装配阶段仅产生了5%的增加值，而美国所承担的研发设计环境产生了40%的增加值。从一国出口竞争力的角度看，美国在手机生产过程中所具有的竞争实力明显超过了中国。

进一步，我们来分析出口增加值的创造主体。跨国公司通过对发展中国家的直接投资，实现了产品价值链的全球布局。我们发现：在发展中国家，跨国公司是进口他国中间品的主体，跨国公司是组织进口中间品本地生产的主体，跨国公司是完成产品出口的主体，跨国公司是获取出口增加值的主体。所以，在跨国公司主导下的全球价值链分工中，一国出口所发生的属地增加值还不能完整地反映一国的出口竞争力。

一国的出口竞争力更多地反映在一国自身要素所获取的增加值量。更多的本国要素参与到全球价值链分工才是衡量一国出口竞争力的关键。

二、增加值贸易与双边贸易失衡

全球价值链分工下，两个国家之间的双边贸易问题不再参考两国间的总值贸易量，而是由两国间的增加值贸易所决定。全球价值链分工使得全球的贸易呈现"网络"状特征，不再是原先两国间一一对应的关系。增加值贸易的双边核算是判断双边贸易的新依据。

增加值贸易的研究初衷是为了还原中美贸易顺差的真实构成。Frankel和Wei(2007)的文章里最先提出了增加值贸易(value added in trade)的概念，他们认为中美贸易中存在着大量的他国中间产品，他国中间品的重复计算夸大了中美贸易顺差。由于中国出口美国的产品中有相当大的一部分中间品是产自美国、日本和韩国，而中国从美国进口的产品基本上都是美国本土的产品，所以中美贸易顺差是被夸大了。相反，日本对美国的顺差被低估了，因为中国出口到美国的产品中还包括了很多日本生产的中间产品。在全球价值链分工的环境下，运用总量贸易额来核算双边贸易平衡问题会导致产品最终生产国的赤字（或产品最终出口国的盈余）会被夸大，因为它包含了外国投入的中间品价值。

需要进一步指出的是：考虑增加值贸易并不改变一个国家与世界其他国家的贸易平衡，增加值贸易的双边核算只是在各国贸易合作伙伴之间重新分配盈余和赤字。

三、增加值贸易与本国就业

增加值贸易的发展对于不同要素禀赋国家的就业产生了不同影响。根据OECD的数据显示：2008年，G20国家的商业部门工作人员中有10%～35%从事出口活动。与1995年相比，这些就业在大多数国家都有所增加；在德国、中国、印度和日本都出现了强劲增长。

增加值贸易的组织形式是全球价值链，全球价值链将产品生产过程中不同的增加值环节配置到了不同的要素禀赋国家，由此我们看到，简单劳动力富裕的国家往往从事产品的装配活动，而技术劳动力富裕的国家则承担研发和设计等生产阶段。

增加值贸易将有利于发展中国家的普通工人就业。发展中国家的劳动力技能水平普遍不高，跨国公司根据发展中国家的禀赋条件，将简单劳动相对密集的生产阶段配置在发展中国家。此类生产阶段需要雇用大量技能较低的劳动力，所以由全球价值链所带来的增加值贸易会增加发展中国家普通工人的就业。

增加值贸易将有利于发达国家的高技术水平工人就业。发达国家的劳动力技能普遍较高，受教育水平较高。由此，跨国公司会将研发和设计等技术密集型的生产阶段配置到发达国家。此类生产阶段会增加对发达国家高技术水平工人的需求，增加高技术水平工人的就业。

贸易增加值数据可以告诉我们哪里能创造了就业机会。分解进口商品的价值到每一个参与全球价值链的国家,可以找出谁从增加值贸易中获益。欧盟鞋业的例子,可以从就业方面进行解释。传统想法会认为,欧盟鞋类零售商进口中国和越南制造的鞋子会导致欧盟就业机会的失去,并将就业机会转移到这些国家。但在增加值层面,需要考虑欧盟的贸易增加值。虽然工人确实失去了他们在欧盟装配阶段的就业机会,但以增加值为基础的测量指出欧盟国家会在研究、开发、设计和营销领域,增加技术工人的工作机会。

四、增加值贸易与宏观经济冲击

全球价值链分工使得全球生产网络变得越来越复杂,各国通过进口他国中间品来实现本国产品的生产和加工。一个产品的生产会涉及多个国家,一个国家增加值的实现需要经过多个国家的共同努力。增加值贸易可以将一个国家所受到的宏观经济冲击沿着全球价值链的空间布局传递到各个国家。

随着全球价值链的发展,各国国内的贸易政策之间的联系性就会变得更加紧密。这类影响既是直接的影响,也是间接的影响。Escaith、Lindenberg 和 Miroudot(2010),Lee、Padmanabhan 和 Whang(1997)将此类影响称为全球价值链的"牛鞭效应"。

产品价值链上任意一个国家所受到宏观经济冲击都会对产品价值链上的其他国家产生影响。这里需要指出的是贸易政策的相互依赖并不是仅在全球价值链分工下才会发生。长期以来,一国对另一国贸易政策的影响,一直是贸易谈判的核心部分。我们需要关注的问题是全球价值链(GVCs)对贸易政策的影响程度和方式。由宏观经济冲击带来的需求突然下降,公司会延迟订单和减少库存,结果是需求的下降沿着供应链被放大,进而转化为上游企业供应的停滞。

测算一个国家的增加值贸易规模,有利于我们明白该国在全球价值链中的地位和影响。更好地测算增加值贸易流量,将为政策制定者提供分析工具,从而可以预测宏观经济冲击的影响,进而制定相应的对策。

五、增加值贸易与劳动生产率

增加值贸易背后的经济学逻辑是垂直专业化分工,随着垂直专业化分工的深化,产品的劳动生产率也会随之上升。Baldwin 和 Yan(2014)使用企业层面的数据指出,全球价值链提升了加拿大制造业企业的生产力。他们的研究在控制自我选择效应(即最初只有最有生产力的公司加入全球价值链的事实)的情况下,并发现企业的劳动生产率随着时间的推移而上升。

国际生产网络的深度发展可以进一步推进产品生产专业化水平。在全球价值链分工之前,两个国家的产品分工仅限于产品层面。而随着生产技术的革新,贸易成本的下降,以及各国涉外经济制度的自由化,国与国之间的分工进入产品内,实现了要素合作型国际专业化(张幼文,2005)或者称要素分工(张二震,2005)。要素层面的分工无疑是更深层次的分工,从而会进一步推进劳动生产率的进步。

第四节 本章小结

科技革命和制度自由化为生产要素的国际流动打开了空间。生产要素国际流动推动了全球价值链分工的拓展和深化,创造了一国的增加值贸易,形成了要素流动的增加值贸易效应。生产要素的国际流动优化了各国国境内的要素比例关系,带动了闲置生产要素,使得更多的生产要素进入了全球生产贸易领域,让更多的国家嵌入了全球价值链,深化了全球价值链分工,推动了一国的国际贸易,进而创造了一国的增加值贸易。

增加值贸易的形成改变了原先一国的出口竞争力,改变了双边的贸易平衡,改变了本国的就业结构,改变了宏观经济冲击的影响路径和改变了一国劳动生产率的变化轨迹。增加值的出现为我们研究世界经济,研究全球价值链的发展提供了新的视角,也为我们研究一国贸易收益提出了新的问题。

斯密最初开启国际贸易理论研究之时，其初衷是为了探求国民财富的性质和原因，强调贸易利益的国民属性。在生产要素国际流动的时代背景下，按要素属权核算的增加值贸易额，将有效地厘定我国生产要素实际在国际贸易中所获取的收益。进而，更加准确地描述我国在全球价值链中的定位，有助于制定更有针对性的国际贸易政策。

第二章

属权增加值贸易的核算

出口增加值的研究为我们理解一国国际贸易的要素收益提供了一个很好的视角,但是目前文献主要以属地出口增加值的研究为主,并没有对属权出口增加值的核算进行深入讨论。属地出口增加值是指一国国境内生产创造的出口增加值,而属权出口增加值则是强调一国自身生产要素生产创造的出口增加值。在生产要素国际流动的大背景下,一国出口已经不再是一国生产要素实力的体现,而是多国要素合作生产的结果(张幼文,2005),属地和属权统计口径下的出口增加值存在着显著的差异。

在阐述了属权增加值核算方法的基础上,本章利用 2000—2006 年中国出口企业的数据,核算了不同年份、不同行业、不同省份和不同贸易方式的属权出口增加值占比。本章进而对比了不同情形下的属权出口增加值占比。

第一节 从属地增加值核算到属权增加值核算

生产要素国际流动驱动了全球价值链的加速发展,全球价值链分工又使得中间品贸易成为当前国际贸易的一个普遍现象。跨越多个国界的产品生产变得愈来愈普遍。传统的贸易总值统计口径已经无法直接反映各国获得的贸易利益,特别是对于深入参与全球价值链分工的国家而言。

信息技术革命和各国对外经济政策的放开使得跨国公司主导下的全球价值链分工得到了迅猛发展。中间品贸易让制造业产品的"原产国"概念变得模糊。我们很难判定电子产品(苹果、联想、三星等公司的相关产品)和飞机(波音、空客和中国的大飞机等)等制造业产品的"原产国"。跨国公司的产品中包含了各国提供的中间品,这些中间品又通过国际贸易的形式在某地进行装配组装,所以这些产品往往会打上"Assembled in"某个国家的标注。"Assembled in"替代了原先的"Made in",成了中间品贸易下识别最终品来源地的新标志。于是各国出现了进口他国增值部分,在本国加工后复出口的国际贸易新现象。

在此背景下,为了厘清各国产品出口中的本国增加值,2010年世界贸易组织提出了增加值贸易(Trade in Value Added)的统计概念,即海关出口总值统计改为出口中在本国实现的增加值统计。该方法科学地反映了按价值链分工深化下一国的实际出口规模,剔除进口增加值后的出口反映了一国国境内生产的增加值。运用增加值贸易方法计算一国的出口总值体现了经济全球化的历史性变化。

然而,跨国公司主导的全球价值链分工不仅体现在中间品的"国际传递",更表现在中间品的"国际生产"。跨国公司通过直接投资的形式将产品的不同增值环节配置到不同要素禀赋的国家。在这个过程中,跨国公司更倾向于选择直接在东道国设立工厂,将大量的机器部件和知识要素投入生产过程,与东道国生产要素合作,针对某一具体产品进行"国际生产"。

属地增加值核算能够较好地反映一国国境内的出口增加值。但是,随着生产要素国际流动的不断深入,一国出口的增加值包括了本国要素所创造的,还包含了从国外流入要素所创造的。面对一些理论和现实问题时,在运用属地增加值这一口径也不能得到满意的答案。

对于出口企业所有制结构比较复杂的国家而言,属地和属权增加值背离的情况,尤为明显。1998—2013年,外商投资企业进出口总额占中国进出口总额的平均比重为53.08%;外商投资企业进出口差额占中国进出口差额的平均比重为45.87%。加工贸易是跨国公司的主要贸易方式,2017年,加工贸易出口量占外资企业出口量的比重为64.66%。外资企业将全球优势生产要素聚集到中国,与中国生产要素合作对某一产品进行专业化生产。所以,外资企业出口产品中既包括了本国要素所创造的增加值,也包含了大量他国要素所创造的增加值。随着要素流入的增加,他国要素所创造的增加值比重不断上升,于是,区别属地增加值与属权增加值就变得格外重要。

属地增加值的核算已经为我们厘清产品整个生产过程,提供了一个很好的视角,但是由于生产要素的国际流动,属地增加值或多或少还是不能正确判断一国出口增加值的实际状况,进而对双边贸易不平衡、关税谈判、贸易便利化、环境规则等问题的决策造成新的误判。在此情境下,如何核算各国在全球贸易中的属权增加值是目前学界所关注的焦点。

一、属权增加值贸易与双边贸易平衡

增加值贸易核算的初衷之一是为了说明中美贸易顺差的结构。相关研究试图用双边的增加值贸易量来取代原先的总值贸易量。中美贸易的顺差结构关系到我们如何正确认识人民币兑美元估值水平。厘清中美贸易的顺差结构,也有利于回应美国政府对中国政府操纵汇率的指控。

随着中美贸易顺差的不断扩大,美国财政部从2003年开始指责中国的固定汇率制度,并认为中国政府有意操纵汇率,并获取了不正当的贸易利益。美国认定操纵汇率的依据是《1988年综合贸易和竞争力法案》,该法案将贸易与经常项目收支状况作为裁定是否操纵汇率的一大主要标准。中美之间的贸易顺差到底有多大?

大量研究者试图从经常项目、贸易结构入手来解释中美的贸易顺差,学者们认为,中美贸易顺差的关键在于中间品贸易,中间品贸易是导致巨额贸易顺差的一个主要原因。随着全球价值链的发展,中国在全球产生网络中担任了加工生产的角色,大量的中间品由进口集中到中国进行加工进而复出口。对于中国而言,由此类货物所带来的"实际"贸易增值或是顺差仅为加工装配费用,而并非传统贸易统计所看到的顺差。实际上,中国从对美国单位出口中获得的增加值要远低于美国对中国单位出口的增加值。如果以出口增加值来核算贸易顺差,则中美贸易顺差将会大大减少。

然而,属地出口增加值也并不能完全反映一国的实际经常账户情况。因为一国经常账户所表现出的贸易顺差是本国要素所创造的,但也包括了外国生产要素所创造的增加值。要准确回答中美贸易的实际情况,我们不仅需要双边的属地增加值核算,我们还需要双边的属权增加值核算。

二、属权增加值贸易与贸易便利化

目前全球贸易中的 2/3 为中间品贸易（OECD，2018），中间品贸易是全球价值链分工的结果，也是我们研究增加值贸易的现实基础。

中间品贸易的背后是产品的多次跨境，产品的每一次跨境都会涉及关税的征收，而关税的征收标准是产品的总值。多次跨境所形成的中间品贸易无疑会扩大关税对于产品价格的影响，或者说，中间品贸易会增加产品的税收负担。

在此背景下，全球贸易谈判开始聚焦于中间品在跨境过程中所产生的增加值，进而开展对于产品增加值征税的国际贸易谈判。对于产品增加值的征税可以最大限度的降低产品的税负，进而降低产品的价格。中间品贸易的发展对增加值的核算提出了现实需求。

在全球贸易谈判中，谈判各国都有自己的"利益诉求"。属地增加值可以给各国谈判提供一个很好的统计口径，来更多地争取自身的"利益"，但是属地增加值仍然不能完全看清自身的"利益"所在，因为属地增加值中还包括了外国生产要素所创造的增加值。如果仅仅以属地增加值为依据，或许会夸大或缩小本国的"利益"。所以，在贸易谈判中，我们需要将属地增加值进一步推进到属权增加值。这样才能真正识别一国中间品出口中到底包含了多少本国要素增加值，进而可以对一国中间品进口中的外国要素增加值进行征收关税。

三、属权增加值贸易与国际环境规则

绿色贸易在全世界范围内正变得越来越重要，各国都开始关注贸易所产生的环境污染问题。随着全球价值链分工的不断细化，产品生产过程中的污染问题也变得呈现出分段化的特点。跨国公司通过全球价值链布局，将高污染的生产阶段集中在某地生产，造成该地的环境污染严重。但是，与此同时，此类全球价值链分工又伴随着另一大特点，即高污染—低附加值。

此类生产阶段所产生的增加值往往较低,但是此类生产阶段的环境污染严重。

由此形成的环境污染问题会带来两个方面的后果:

(一)环境污染会给生产国的居民健康带来负面影响。

(二)在目前的国际贸易谈判中一直存在着一项原则:谁污染谁治理。然而,这一原则不利于高污染产品生产的承接国。高污染产品生产的承接国(地)在产品全球价值链中所得的增加值一般较少,获取增加值较少的承接国(地)来为生产整个产品所产生的高污染买单,也并不合情合理。由此造成的结果是相关绿色贸易的谈判进展缓慢,举步维艰。

何如厘定一国所实际发生的出口增加值,是推动环境谈判和环境规则修改的关键。只有明确了产品承接国(地)实际收益是多少,才能进一步对相应的责任和义务进行谈判。界定实际一国所发生的出口增加值还有助于分担环境污染所需要的承担的责任和义务。测算产品不同生产阶段的增加值有利于划分污染成本,进而达成新的绿色贸易协议。

属地增加值的核算是世界各国达成新环境规则的关键。但是属地增加值的核算或许还是不能满足各国的实际诉求。在生产要素国际流动的大背景下,大多数污染是由跨国公司所产生的,然而跨国公司所产生的增加值又计入东道国的出口增加值。所以,属地的出口增加值又会模糊一国属权意义上的收益,进而在各国谈判过程中产生新的争执。

属权增加值的提出和核算有助于我们更好地厘清一国的实际收益,从而为绿色贸易、环境规则等议题讨论中提供一个更为清晰的视角。

第二节　属权增加值贸易核算的方法

生产要素国际流动下的全球价值链分工使得当前的国际贸易统计由总值贸易走向了增加值贸易。传统计算方法下的一国贸易量已无法准确地刻画一国的贸易收益(周琢,2012)。相比之下,以国内增加值核算出口总值的方法被越来越多的国际经济学家所接受。相比属地增加值的计算方法,属权增加值的核算方法则强调本国要素在货物或服务出口中产品的实际增加值。本节将在企业数据层面,提出核算属权出口增加值的方法。

一、增加值核算的文献回顾

(一) 基于产品制造成本的增加值贸易核算

最直接测度一国出口增加值的方式是将全球价值链中的商品和服务分解为各个组成部分,并追踪每个生产阶段的附加值。早期对出口增加值的研究更偏重于从单个企业或行业的角度来考察一个国产品的出口增加值,这类研究大多主要集中在技术密集型部门的产品。Dedrick et al.(2010)运用产品成本分解的方法,测算了中国生产的惠普和联想笔记本的属地出口增加值,研究结果表明:中国创造的出口增加值占出厂价的3%左右。相关研究还包括对 iPod(Linden et al., 2007)、波音飞机(Humphrey & Memedovic,2003)的分析。

这些个案分析为我们洞察各国的出口增加值高低打开了一个视角,但个别产品或产业对整体制造业贸易情况的代表性相对较差。另外,企业出于自身利益,很多时候并不轻易向分析者透露产品的价格和利润等指标,因此此类研究大都需要在零散数据基础上进行大量数据加工,然而,这样的数据往往很难保持一致性。更重要的是,由于产品间错综复杂的网状消耗关系,一个产品的中间投入又同时由其他产品生产出来,仅对单个产品或产业的分析,很难正确把握全面的增加值贸易。

(二) 基于商业功能调查的增加值贸易核算

用于商业功能调查也是一种增加值贸易的核算方法。产品的价值链构成不仅依赖于有形的实物投入,更多的是依赖于无形要素的"功能"支持,例如研发、销售、市场营销、IT系统等。这些无形的功能支持也同样创造了巨大的价值,试图将这一部分的增加值识别出来是增加值贸易核算的难点。

商业业务功能调查是收集相关服务类要素增加值的理想选择。据我们所知,最早用于收集经济数据的业务功能列表是由欧洲委员会资助的EMERGENCE项目(Huws and Dahlman,2004)。这项研究将公司的无形支持业务分为 7 个功能①的清单。通过对这 7 个功能的调研,研究者进而可以识别无形生产要素对于一国出口增加值的贡献。

商业业务功能数据可为增加值贸易核算提供广泛的研究基础。但是,在跨国公司层面,很少有涵盖若干年的商业调查数据。造成这些数据缺失的原因有两个:

1. 限于国内法规对于公司经营活动的保密性。
2. 企业也很少愿意配合完成这样的商业调查。

Ito et al.(2011)和 Tanaka, K. (2011),利用了 RIETI(经济、贸易和工业研究协会)关于制造业企业离岸外包活动的调查数据,测算了日本的贸易增加值。RIETI 的调查涵盖生产活动的外包和服务的外包,其中具体包括外包任务的类型和相关地理位置。这项调查还区分了 3 种类型的外包供应商:外包企业的离岸子公司,其他日本企业的离岸子公司,以及国外供应商。

另一项研究是针对意大利制造业企业进行的离岸外包的调查,这个调查数据可以得出了一些定性数据,每 3 年由商业银行信贷资本部进收集整理。所得到的信息包括企业的国际化水平、投资、R&D、劳动力的特点。Crinò(2010)使用这项调查数据研究了服务外包对国内就业水平和技术结构的影响。

(三) 基于投入产出表的增加值贸易核算

投入产出表的样式类似棋盘式平衡表,能够清晰地反映出各个国家或

---

① 7 个功能分别是:1. 核心业务功能,主要是指企业的核心业务功能。2. 分销和物流,该支持功能由运输活动、仓储和订单处理功能所组成。3. 市场营销、销售和售后服务,包括帮助台和呼叫中心。这种支持功能包括市场调查、广告、直销服务(电话营销)、展览、展会和其他营或销售服务。还包括呼叫中心服务和售后服务,如帮助台和其他客户支持服务。4. ICT 服务。这种支持功能包括 IT 服务和电信。IT 服务包括硬件和软件咨询,定制软件数据处理和数据库服务,维护和修理,网络托管,其他计算机相关和信息服务。5. 行政和管理职能。这种支持功能包括法律服务,会计,簿记和审计,业务管理和咨询,人力资源管理(如培训和教育,员工招聘、临时人员提供、工资管理、健康和医疗服务),公司金融和保险服务。采购功能也包括在内。6. 工程及相关技术服务。该支持功能包括工程和相关技术咨询,技术测试、分析和认证。设计服务也包括在内。7. 研究和发展。这种支持功能包括校内研究和实验开发。

地区国民经济各部门之间产品的生产消耗关系。通过双边贸易数据,可以清晰地反映不同国家或地区之间以及不同国家或地区各个部门之间产品的生产消耗关系,因此,用投入产出来追踪产品流向和一国的出口增加值是非常有力的工具。

贸易增加值的测量需要世界投入产出表中中间产品和最终产品的所有双边交易信息,从而才能够将测算得到全球价值链中每个生产者所产出的增加值。

Feenstra、Hanson(1996)和Hummel et al.(2001)分别利用投入产出表计算了狭义出口增加值和广义出口增加值,两者的区别在于前者只计算了直接的出口增加值,后者既计算了直接的出口增加值又计算了间接的出口增加值。

Hummel et al.(2001)、Koopman et al.,(2008)、Johnson和Noguera(2012)分别给出了基于竞争性和非竞争性投入产出表的一国贸易增加值核算方法。在此基础上,不同的世界组织基于其自身的数据库分别测算了各国的贸易增加值。这些测算不约而同的指向两个结果:

1. 贸易增加值的统计口径还原了各国出口贸易的实际情况,以中国电子光学产品为例,其出口贸易增加值为778.76亿美元,仅为传统方法计算额的18.05%[①]。

2. 相比传统的统计方法,以贸易增加值衡量的两国间贸易差额大大下降。在贸易增加值统计口径下,2010年和2011年,以传统计算方法统计的中美贸易顺差为1812亿美元和2024亿美元,而以增加值计算的中美贸易顺差降为794亿美元和928亿美元,分别降低56%和54%(中国科学院课题组,2013)。贸易增加值的核算不仅为还原要素合作型国际专业化(张幼文,2007)下世界贸易的原貌提供了可能,而且为各国政府制定对外贸易政策提供了现实依据。

Koopman, et al.(2014)提出的KWW方法是利用投入产出表计算出口增加值的代表作之一。KWW方法是将一国的出口总额分解为4个部分。第一个部分是Johnson and Noguera(2012)提出的增加值出口;第二部分是先出口但是最终回到本国的国内附加值部分;第三部分是一国出口中的国

---

① 数据来源:OECD统计数据库,http://stats.oecd.org/Index.aspx?DataSetCode=TIVA_OECD_WTO。

外增加值份额；第四部分是所谓的由于中间产品来回交易而产生的"重复计算部分"。KWW将第一部分和第二部分相加的总和定义为一国出口的国内增加值份额。

在运用国际投入产出表计算出口增加值的过程中，仍然存在两个有待决定的问题：第一个问题是等比例假设；第二个问题是没有考虑加工贸易的特殊情况。

第一个问题存在于所有利用投入产出表计算增加值的过程中。投入产出表的核心假设是等比例假设，即同一部门内不同产品对于中间品的消耗比例是相同的（Grossman和Rossi-Hansberg，2008；Winkler和Milberg，2009）。显然，同一部门内不同产品对中间品的消费比例各不相同，简单地运用等比例假设，估算结果容易形成统计误差，这个问题普遍存在于投入产出表计算增加值的研究中。

第二个问题主要存在于中国和墨西哥，中国和墨西哥的加工贸易比例较高。目前，投入产出表假设无论用于出口还是国内使用，其中间品消耗结构均一致的。所以利用此类假设来研究中国或者墨西哥的出口增加值，会导致计算结果的高估。

（四）基于企业经营活动的增加值贸易核算方法

在计算出口增加值的实证研究中，运用企业层级数据是可以有效避免等比例假设的方法之一（Kee and Tang，2016，Upward et al.，2013）。运用企业层面的数据测算了2000—2006年中国的出口增加值，他们发现中国的出口增加值由2000年的52%上升至2006年的60%。他们的研究不仅有效区分了不同企业的中间品消耗比例，而且还区分了不同企业的贸易方式。Ma et al.(2013)在这个基础上，同样运用中国的数据，进一步区分了不同所有制企业的出口增加值以及不同空间概念上企业的出口增加值。

二、属权增加值的核算框架

已有相关增加值测算研究很少考虑到生产要素的国别属权问题，进而也很少考虑到属权出口增加值的测算。本章将参照 Kee and Tang(2016) 的研究框架,分解增加值贸易在本国生产过程中来自不同属权要素的增加值,以衡量不同属权生产要素在增加值贸易形成过程中所获得的贸易收益。

出口增加值的概念源于工业增加值,是工业增加值在出口部门的表现。根据工业增加值的定义,工业增加值是企业生产过程中新增加的价值。那么对应于出口增加值即为企业在生产出口过程中的新增加价值。

(一) 基于微观企业数据的核算方法

出口增加值的概念源于工业增加值,是工业增加值在出口部门的应用。根据工业增加值的定义,工业增加值是企业生产过程中新增加的价值。那么对应于出口增加值即为企业在生产出口过程中的新增加价值。

按照工业增加值的收入分配法计算,属地出口增加值($VA_{j,t}$)可以表述为:

$$VA_{j,t} = w_{j,t} \cdot L_{j,t} + r_{j,t} \cdot K_{j,t} + \pi_{j,t} + T_{j,t} \qquad (2-1)$$

其中,$w_{j,t}$ 为 t 期企业 j 支付给工人的工资、$L_{j,t}$ 为 t 期企业 j 出口中所含的劳动、$w_{j,t} \cdot L_{j,t}$ 为 t 期企业 j 出口中所含的劳动者报酬、$r_{j,t}$ 为 t 期企业 j 的资产价格、$K_{j,t}$ 为 t 期企业 j 出口中所含的固定资产、$r_{j,t} \cdot K_{j,t}$ 为 t 期企业 j 出口中所含的固定资产折旧、$\pi_{j,t}$ 为 t 期企业 j 出口中所含的企业盈余、$T_{j,t}$ 为 t 期企业 j 出口中所含的生产税净额。

一国出口增加值中既含有外国生产要素的贡献部分,也包括了本国生产要素的贡献部分。从增加值要素收入法核算的角度,一国出口增加值既要分配给外国生产要素,也要分配给本国生产要素。这里本书需要就生产要素的所有权进行说明,所谓生产要素国际流动是指在生产要素所有权不改变情况下进行的国际流动。这点对于本书理解属权和属地增加值至关重要。从收益归属的角度出发,为了更好地界定本国生产要素和外国生产要素从生产活动中获取的收益,本书将所有权变更为本国所有的外国生产要素,其在生产活动中产生的收益视为归属本国的收益,这样做法的好处在于有利于本书在核算属权出口增加值时区分出实际隶属于本国的收益和隶属于外国的收益。

本书在收入法计算过程中,将外资企业出口中所含的固定资产折旧和营业盈余计入外国生产要素的收益或是外国生产要素为增加值的贡献部分。外资出口企业的固定资产折旧是对机器设备等有形要素的补偿,外资出口企业的营业盈余是对知识、专利、销售网络、品牌等无形要素的报酬。这里本书假定外资企业使用的机器设备、知识、专利、销售网络和品牌等都是外国流入的生产要素。

劳动报酬是本国工人的再生产成本,生产税净额是本国政府提供的公共要素的报酬。本书将出口中所含的劳动者报酬、生产税净额和出口中所含本国股权的固定资产折旧以及营业盈余计入为本国要素的收入,即属权增加值。于是企业层级的属权增加值($NVA_{j,t}$)表达为:

$$NVA_{j,t}=w_{j,t} \cdot L_{j,t}+T_{j,t}+\varphi_{j,t}(r_{j,t} \cdot K_{j,t}+\pi_{j,t}) \quad (2-2)$$

其中,$\varphi_{j,t}$为国有企业出资额和私营企业出资额在企业实收资本中的比重。本书进一步可以将国家i的属权增加值表示为:

$$NVA_{i,t}=\sum_{j \ni \Omega_i} NVA_{j,t} \quad (2-3)$$

其中,Ω_i为国家i内企业的集合。

(二) 基于投入产出表的核算方法

考虑中国对外贸易中,加工贸易和外资企业生产占据半壁江山,以及加工贸易生产和内外资企业在全球价值链嵌入程度不同,本书将参照 Ma et al.(2015)的方法构建区分加工贸易和内外资企业性质的中国非竞争型投入产出模型。不同于 Koopman et al.(2014)采用的区分加工和非加工贸易的投入产出模型,本书模型将中国所有国民经济生产区分为内资企业加工出口生产(CP)、外资企业加工出口生产(FP)、内资企业非加工出口生产(CN)和外资企业非加工出口生产(FN)等4个部分,以及将进口产品使用(M)与国内品使用加以区分。段玉婉等(2013)和李鑫茹等(2018)等也编制了区分加工贸易和内外资企业生产的中国非竞争型投入产出模型。模型的基本表式如下：

表 2-1 区分加工贸易和内外资企业性质的中国非竞争型投入产出表

投入 \ 产出	中间需求 内资企业加工出口生产(CP)1,2,…,n	外资企业加工出口生产(FP)1,2,…,n	内资企业非加工出口生产(CN)1,2,…,n	外资企业非加工出口生产(FN)1,2,…,n	最终需求	出口	总产出/总进口
国内中间投入 / 内资企业加工出口生产(CP)1,2,…,n	0	0	0	0	0	e^{CP}	x^{CP}
国内中间投入 / 外资企业加工出口生产(FP)1,2,…,n	0	0	0	0	0	e^{FP}	x^{FP}
国内中间投入 / 内资企业非加工出口生产(CN)1,2,…,n	Z^{CCP}	Z^{CFP}	Z^{CCN}	Z^{CFN}	y^C	e^{CN}	x^{CN}
国内中间投入 / 外资企业非加工出口生产(FN)1,2,…,n	Z^{FCP}	Z^{FFP}	Z^{FCN}	Z^{FFN}	y^F	e^{FN}	x^{FN}
进口中间投入(M)	Z^{MCP}	Z^{MFP}	Z^{MCN}	Z^{MFN}	y^M	0	x^M
最初投入/增加值	va^{CP}	va^{FP}	va^{CN}	va^{FN}			
总投入	$x^{CP'}$	$x^{FP'}$	$x^{CN'}$	$x^{FN'}$			
外国要素收入	fi^{CP}	fi^{FP}	fi^{CN}	fi^{FN}			

上表中，上标 C 表示内资企业，F 表示外资企业，P 表示加工出口生产，N 表示非加工出口生产，M 表示进口。X 为总产出/总进口列向量，表示各行业的总产出或总进口；Z 为中间投入矩阵，如 Z^{FCP} 表示外资企业(F)各类中间品被投入于内资企业加工出口(CP)各行业生产中的数量；e 为出口列向量，y 为最终需求列向量，va 为最初投入或增加值行向量，fi 为外国要素收入行向量；上标"'"表示向量或矩阵转置。

根据投入产出表各指标含义，本书可以定义增加值系数 $V = va\hat{X}^{-1}$，表示单位产出所需投入的最初要素数量；定义直接投入系数矩阵 $A = Z\hat{X}^{-1}$，表示单位产出所需投入的各行业中间投入品数量;定义外国要素收入系数矩阵 $f=fi\hat{X}^{-1}$,表示单位产出中外国要素(投入于国内生产的外国资本和外国劳动力)收入的比例。

由此可以测算出口的直接属地要素增加值(DVA_Dir)和直接属权要素增加值(DNI_Dir)。

$$DVA\_Dir = Ve \qquad (2-4)$$

$$DNI\_Dir = (V-f)e \qquad (2-5)$$

公式(2-4)表示出口的直接属地增加值等于增加值系数乘以相应行业的出口;公式2-5表示出口的直接属权增加值等于直接属地增加值减去出口中的直接外国要素收入。

根据投入产出模型中 Leontief 经典方程(Leontief,1936)定义,本书可以进一步定义完全属地增加值(DVA_Tot)和完全属权增加值(DNI_Tot)。完全属权增加值相比直接属权增加值而言,更多地考虑了上下游之间的联系。

$$DVA\_Tot = V(I-A)^{-1}e \qquad (2-6)$$

$$DNI\_Tot = (V-f)(I-A)^{-1}e \qquad (2-7)$$

公式(2-6)表示出口的完全属地增加值等于增加值系数乘以出口所拉动相应行业的总产出,I 为单位矩阵;公式(2-7)表示出口的完全属权增加值等于完全属地增加值减去出口中的完全外国要素收入。

在生产要素国际流动的时代大背景下,一国出口的产品是各国生产要素合作专业化生产的结果。本国要素和外国要素共同就某一产品进行合作生产。由此,一国出口增加值中既含有外籍生产要素的贡献部分,也包括了本国生产要素的贡献部分。从增加值要素收入法核算的角度,一国出口增加值既要分配给外籍生产要素,也要分配给本国生产要素。

这里我们需要就生产要素的所有权进行说明,所谓生产要素国际流动,是指在生产要素所有权不改变情况下进行的国际流动。这点对于我们理解属权和属地增加值至关重要。从收益归属的角度出发,为了更好地界定本国生产要素和外国生产要素从生产活动中获取的收益,我们将所有权变更为本国所有的外国生产要素,其在生产活动中产生的收益视为归属本国的收益,这样做的好处在于有利于我们在核算属权出口增加值时区分出实际隶属于本国的收益和隶属于外国的收益。

第三节 属权增加值贸易的核算

基于第二节中提供的方法,本节基于投入产出表分析的数据来源于国家统计局国民经济核算司发布的《中国投入产出表》,涉及的年份分别为 2007 年和 2012 年。2007 年的投入产出表参照《国民经济行业分类》(GB/T4754—2002),将国民经济分为 135 个部门,2012 年的投入产出表参照《国民经济行业分类》(GB/T4754—2011),将国民经济生产活动划分为 139 个部门。

本书基于微观企业分析的数据来源于中国工业企业数据库和海关产品数据库。工业企业数据库来自国家统计局 2000—2006 年的规模以上工业企业数据库,数据指标涉及企业利润表、资产负债表和现金流量表中的相关指标。但工业企业数据库并不包括本书所关心的企业出口和外商投资企业作为投资所进口的机器设备等相关贸易指标,所以本书需要从海关产品数据库中获取相关的贸易消息。海关产品数据库记录了企业的每一条详细的海关出口记录,本书的工作是将两个数据库匹配起来,进而对企业层面的出口增加值进行核算。

一、属权增加值贸易核算的数据说明

本书微观企业选取的统计样本为外资加工贸易出口企业。出于以下 3 点考虑:

1. 已有文献的经验。Kee and Tang(2016)运用加工贸易出口企业数据

计算了2000—2007年中国的属地出口增加值，Kee and Tang(2016)认为，加工贸易的统计方式可清晰区分国内中间品和国外中间品，Wang et al.(2014)指出，中国的加工贸易在进口中间品中的本国要素基本接近为零，且加工贸易企业的进口都用于出口，进而有利于出口增加值的统计。

2. 外资企业的主要贸易方式。本书的研究对象是由要素流动所形成的外资企业出口增加值中的属权要素增加值贸易，属权要素增加值贸易的载体是外资企业，而外资企业的主要贸易方式是加工贸易。

3. 避免等比例假设，运用微观企业的加工贸易数据可以有效地避免在投入产出表核算中的等比例假设，运用外资加工贸易企业的统计样本更有利于反映属权增加值贸易，还原本国要素收益。

本书根据工业企业数据库给出的企业登记注册类型来划定外资企业，将中国港澳台合资经营企业、港澳台合作经营企业、港澳台独资企业、港澳台商投资股份有限公司、中外合资经营企业、中外合作经营企业、外资（独资）企业和外商投资股份有限公司记为外资企业。本书参照 Ma et al.(2015)的标准来划定加工贸易企业，本书将来料加工和进料加工之和占出口比重大于50%的企业记为加工贸易企业。最终，本书形成的外资企业加工贸易数据样本为非平衡面板，时间跨度为2000—2006年。

表 2-2 中国工业企业数据库与海关数据库匹配的相关结果

年份	产品出口记录数	匹配后的产品出口记录数	产品出口记录匹配率	出口总值（单位：百万）	匹配后的出口总值（单位：百万）	出口总值匹配率
2000	10 598 192	4 373 424	41.27%	46 388	22 679	48.89%
2001	12 682 006	5 407 472	42.64%	55 667	28 271	50.78%
2002	13 843 463	5 794 166	41.85%	62 079	32 235	51.93%
2003	16 616 696	6 735 276	40.53%	85 157	44 463	52.21%
2004	19 703 008	9 874 217	50.12%	115 446	70 433	61.01%
2005	22 819 286	10 431 028	45.71%	142 173	82 707	58.17%
2006	25 661 754	10 496 920	40.90%	175 685	92 971	52.92%

二、按年份核算的属权增加值

表2-3测算了2000—2006年，中国出口的属权增加值占出口的比重，2000—2006年，中国属权增加值占比平均为54.62%。从总体趋势上分析，中国属权出口增加值占比呈上升趋势，2006年相比2000年而言，中国属权出口增加值占比增加了12.3%。这表明越来越多的中国要素参与到了全球价值链分工，出口产品中融入了越来越多的中国要素（如劳动力等）。

表2-3 区分年份的属权出口增加值

年份	属权增加值（算术平均）	属权增加值（出口量加权平均）	属权增加值（就业加权平均）	属权增加值（资产规模加权平均）
2000	48.40%	34.92%	58.39%	58.01%
2001	48.30%	31.20%	55.75%	54.83%
2002	51.97%	32.20%	57.00%	56.87%
2003	53.87%	31.23%	55.53%	56.23%
2004	61.45%	32.85%	56.90%	55.86%
2005	57.60%	32.04%	54.40%	56.14%
2006	60.71%	33.51%	55.69%	59.08%

数据来源：作者计算所得。

为了进一步看清企业异质性对于属权增加值占比的影响，本节除了提供算术平均的属权增加值占比以外，还报告了按企业出口量加权平均的属权增加值占比，按企业就业人数加权平均的属权增加值占比和按企业资产规模加权平均的属权增加值占比。

在表2-3中，我们看到2000—2006年，按出口量加权平均的属权增加值占比平均值为32.56%，明显低于按算术平均计算得出的属权增加值占比（54.62%）。这告诉我们企业出口量越大，其属权出口增加值占比越低。出口量大的企业，其雇用的本国要素也就越少。从趋势上讲，我们看到2006年和2000年相比，按出口量加权平均的属权增加值占比没有呈现出明显的上升趋势,其绝对值也没有发生明显的变化。

在表2-3中,按企业就业量加权平均的属权增加值占比和按企业资产规模加权平均的属权增加值占比,其总体趋势和按算术平均得到的属权增加值占比相似,从绝对值来看,两者与按算术平均得到的属权增加值占比也比较接近。

三、按行业核算的属权增加值

表2-4提供2000年和2006年不同行业的属权增加值占比。从属权增加值占比高低的行业分布来看,资源业和能源业的属权增加值占比位居前列,分别为石油和天然气开采业、电气机械及器材制造业、燃气生产和供应业、煤炭开采和洗选业。这些资源型行业出口的产品基本都为初级产品,不需要从国外进口中间产品,所以其属权增加值占比非常高。位居增加值占比靠后的行业分别为橡胶制品业、造纸及纸制品业、仪器仪表及文化、办公用机械制造业、塑料制品业和印刷业和记录媒介的复制。这些行业的属权增加值占比为30%。这些行业的普通特点是开放程度较高,外资比例较高,进口中间品,所以这些行业的属权增加值占比相对较低。

表2-4 区分行业的属权出口增加值

行业	属权增加值(算术平均)		属权增加值(按出口量加权平均)		属权增加值(按就业规模加权平均)		属权增加值(按资产规模加权平均)	
	2000年	2006年	2000年	2006年	2000年	2006年	2000年	2006年
黑色金属矿采选业	49.48%	76.07%	90.83%	84.77%	94.93%	91.58%	21.87%	90.40%
石油加工、炼焦及核燃料加工业	56.63%	71.08%	27.26%	22.01%	90.19%	59.60%	83.06%	38.34%
工艺品及其他制造业	42.95%	68.92%	18.14%	55.63%	46.53%	62.21%	46.36%	59.91%
金属制品业	48.56%	64.71%	29.05%	48.76%	50.40%	60.07%	42.30%	56.96%

续表

行　业	属权增加值（算术平均） 2000年	属权增加值（算术平均） 2006年	属权增加值（按出口量加权平均） 2000年	属权增加值（按出口量加权平均） 2006年	属权增加值（按就业规模加权平均） 2000年	属权增加值（按就业规模加权平均） 2006年	属权增加值（按资产规模加权平均） 2000年	属权增加值（按资产规模加权平均） 2006年
交通运输设备制造业	55.45%	62.97%	36.80%	45.03%	67.86%	66.60%	60.09%	64.53%
非金属矿物制品业	66.78%	74.96%	48.41%	64.43%	76.44%	76.72%	68.60%	69.98%
仪器仪表及文化、办公用机械制造业	30.24%	53.82%	12.07%	19.81%	30.83%	42.27%	35.41%	39.80%
通信设备、计算机及其他电子设备制造业	41.44%	36.03%	27.02%	12.53%	52.96%	24.21%	55.28%	24.89%
印刷业和记录媒介的复制	29.53%	54.18%	15.50%	35.17%	31.46%	46.28%	45.36%	48.76%
塑料制品业	29.98%	45.16%	19.35%	29.82%	31.51%	40.37%	32.59%	40.12%
木材加工及木、竹、藤、棕、草制品业	61.18%	72.29%	50.82%	63.99%	58.30%	71.17%	50.48%	73.04%
橡胶制品业	35.02%	46.75%	25.37%	33.81%	36.62%	42.74%	28.31%	36.97%
文教体育用品制造业	35.64%	55.84%	26.52%	41.57%	31.03%	42.19%	35.42%	44.93%
皮革、毛皮、羽毛(绒)及其制品业	39.96%	58.82%	31.52%	45.65%	31.32%	48.15%	36.03%	47.71%
通用设备制造业	67.45%	72.70%	59.44%	62.08%	75.33%	74.42%	68.89%	72.49%
造纸及纸制品业	31.03%	46.85%	23.23%	34.34%	53.14%	42.26%	39.73%	36.19%
废弃资源和废旧材料回收加工业	54.46%	61.25%	47.68%	69.25%	50.98%	62.85%	47.36%	65.49%

续表

行 业	属权增加值（算术平均） 2000年	2006年	属权增加值（按出口量加权平均） 2000年	2006年	属权增加值（按就业规模加权平均） 2000年	2006年	属权增加值（按资产规模加权平均） 2000年	2006年
专用设备制造业	64.53%	64.34%	58.38%	41.22%	78.15%	60.47%	76.59%	63.70%
非金属矿采选业	79.71%	82.90%	74.33%	85.56%	91.77%	85.92%	89.50%	84.98%
饮料制造业	62.95%	71.57%	57.78%	59.88%	69.51%	80.75%	69.55%	74.25%
家具制造业	44.74%	62.63%	40.51%	43.21%	46.30%	46.87%	47.62%	45.05%
农副食品加工业	66.13%	71.69%	62.36%	66.34%	70.74%	71.81%	69.20%	67.74%
化学原料及化学制品制造业	61.29%	64.68%	57.87%	47.43%	77.40%	74.39%	71.91%	63.30%
电力、热力的生产和供应业	78.66%	49.90%	75.35%	80.35%	78.03%	55.05%	76.46%	79.80%
纺织服装、鞋、帽制造业	43.80%	62.07%	40.56%	60.68%	44.77%	59.10%	46.18%	63.45%
医药制造业	75.06%	76.49%	73.51%	74.66%	80.96%	81.05%	77.85%	79.46%
有色金属冶炼及压延加工业	60.55%	66.38%	59.07%	56.90%	67.17%	66.60%	62.03%	63.11%
纺织业	54.32%	71.10%	53.06%	62.89%	62.63%	66.50%	56.75%	65.22%
化学纤维制造业	44.28%	46.33%	43.26%	46.94%	67.61%	66.84%	59.10%	54.08%
石油和天然气开采业	99.98%	91.32%	99.98%	91.07%	99.98%	90.05%	99.98%	88.47%
电气机械及器材制造业	94.42%	54.92%	94.70%	37.89%	96.06%	45.70%	95.62%	54.95%
煤炭开采和洗选业	92.58%	83.23%	92.91%	97.46%	91.93%	90.26%	92.25%	90.83%
燃气生产和供应业	93.52%	44.46%	95.01%	44.46%	92.91%	44.46%	93.19%	44.46%

续表

行　业	属权增加值（算术平均）		属权增加值（按出口量加权平均）		属权增加值（按就业规模加权平均）		属权增加值（按资产规模加权平均）	
	2000年	2006年	2000年	2006年	2000年	2006年	2000年	2006年
食品制造业	61.42%	66.66%	64.39%	65.28%	67.43%	69.84%	67.75%	71.69%
烟草制品业	81.60%	63.47%	90.76%	63.47%	88.51%	63.47%	84.92%	63.47%
有色金属矿采选业	71.12%	89.91%	89.21%	89.50%	91.32%	86.74%	91.20%	88.62%

数据来源：作者计算所得。

从变化趋势上看，2006年相对2000年而言，上升幅度最大的行业分别为工艺品及其他制造业，印刷业和记录媒介的复制，仪器仪表及文化、办公用机械制造业，文教体育用品制造业，皮革、毛皮、羽毛（绒）及其制品业，有色金属矿采选业，纺织服装、鞋、帽制造业，家具制造业，纺织业。这些行业的属权增加值占比平均上升幅度为20%。这些行业出口的产品普通为劳动力密集型产品，在垂直专业化分工下，中国承接这些行业的生产阶段也多为劳动力密集型，这些行业的属权增加值占比上升反映了更多的中国要素融入了全球价值链，融入了世界经济。这一现象背后也反映了中国制造业的竞争力也在随着时间的推移而不断上升。

四、按省份核算的属权增加值

表2-5区分了不同省份的属权出口增加值占比，从属权增加值占比的省份分布看，青海、重庆、四川、河南、湖南、山西相对较高。造成这一现象的原因大致有两个：

（一）这些省份出口的产品多为资源密集型产品，多为初级产品，所以这些出口产品的属权增加值占比相对较高。

（二）这些省份的对外开放程度普遍不高，处于内陆地区，这些省份从国外进口的中间品产品相对较少，加之，这些省份的外资企业比例也相对较低，所以我们看到这些省份的属权增加值占比就相对较高。

表 2-5 区分省份的属权出口增加值

省 份	属权增加值(算术平均) 2001年	2006年	属权增加值(按出口量加权平均) 2001年	2006年	属权增加值(按就业规模加权平均) 2001年	2006年	属权增加值(按资产规模加权平均) 2001年	2006年
北京	53.32%	69.18%	44.03%	57.57%	56.00%	63.26%	51.72%	57.63%
福建	49.09%	64.77%	28.58%	31.82%	42.54%	53.62%	34.32%	43.27%
广东	25.42%	39.54%	14.90%	19.07%	25.94%	31.69%	31.91%	34.28%
海南	44.24%	56.65%	48.53%	44.19%	45.36%	43.31%	69.81%	49.87%
天津	44.86%	56.23%	16.58%	18.67%	45.08%	51.45%	35.89%	41.61%
河南	74.61%	84.23%	73.80%	77.17%	81.08%	82.51%	73.75%	83.43%
上海	44.26%	53.50%	26.57%	24.31%	43.23%	46.06%	49.12%	53.51%
安徽	72.43%	81.41%	65.81%	58.25%	72.13%	80.49%	60.17%	67.86%
内蒙古	68.63%	77.60%	61.35%	47.45%	71.13%	80.08%	66.81%	78.63%
甘肃	73.18%	81.41%	36.72%	37.95%	87.07%	65.85%	83.37%	52.28%
浙江	75.02%	83.14%	67.95%	63.24%	73.94%	76.88%	70.27%	68.99%
河北	70.08%	78.00%	70.77%	69.49%	82.42%	81.43%	83.51%	82.68%
青海	85.53%	93.43%	62.30%	97.10%	96.11%	92.49%	97.10%	93.01%
黑龙江	68.87%	76.58%	67.98%	66.09%	68.04%	84.42%	72.26%	86.03%
辽宁	50.01%	57.70%	29.58%	40.32%	53.78%	61.87%	54.00%	63.94%
湖北	75.77%	81.78%	62.88%	56.97%	66.23%	82.74%	60.08%	80.35%
江苏	57.64%	62.65%	35.81%	29.65%	60.26%	53.02%	52.69%	51.59%
山东	56.52%	61.25%	44.86%	50.69%	61.92%	60.26%	60.86%	66.55%
广西	69.92%	74.14%	65.08%	73.31%	69.24%	79.91%	63.13%	79.57%
重庆	81.85%	84.86%	84.63%	79.77%	85.38%	83.94%	78.79%	76.61%
吉林	62.27%	64.40%	57.23%	64.72%	71.68%	89.06%	46.30%	90.96%
陕西	75.28%	76.68%	75.56%	58.49%	79.35%	74.94%	82.80%	79.54%
宁夏	80.15%	81.31%	80.69%	68.47%	89.26%	70.68%	82.01%	82.48%
山西	82.78%	83.91%	77.58%	90.71%	85.66%	88.04%	86.20%	93.38%

续表

省 份	属权增加值（算术平均）		属权增加值（按出口量加权平均）		属权增加值（按就业规模加权平均）		属权增加值（按资产规模加权平均）	
	2001年	2006年	2001年	2006年	2001年	2006年	2001年	2006年
四川	83.88%	84.54%	72.75%	78.52%	84.09%	88.70%	78.77%	86.85%
湖南	83.62%	83.93%	85.09%	81.86%	88.51%	84.82%	87.95%	86.08%
贵州	74.34%	72.48%	51.68%	67.22%	55.41%	86.13%	53.09%	89.56%
云南	82.23%	77.31%	81.12%	78.23%	89.05%	84.01%	87.30%	83.96%
江西	78.12%	68.02%	76.91%	75.54%	74.12%	74.94%	72.84%	89.09%

数据来源：作者计算所得。

浙江同样是属权增加值占比排名靠前的省份，其原因主要有两个：

（一）属权增加值较高与出口企业的所有制结构有关，浙江的出口企业主要以民营企业为主，浙江的外资企业比重较低，所以浙江的属权增加值占比相对较高。

（二）属权增加值较高与出口企业的产品结构有关，浙江的出口产品以"小商品"为主，这些"小商品"都为当地采购原料，进口的国外中间品较少，所以我们看到浙江的属权增加值占比相对较高。

属权增加值占比排名较后的省份是天津、上海和广东。这些省份经济的外向程度较高，全球价值链融入度高，外资出口企业比重大，所以这些省份的属权增加值占比排名靠后。

从变化趋势上看，2006年相对2000年而言，全国各个省份的属权增加值占比都呈现上升趋势，新疆、北京、福建、广东、海南、天津、河南、上海等省市上升幅度较大。

五、按贸易方式核算的属权增加值核算

表2-6计算了2000—2006年，区分了贸易方式和年份的属权出口增加

值占比。2000—2006年,一般贸易属权增加值占比平均为89.91%,加工贸易属权增加值占比平均为16.28%。通过对比两种贸易方式属权增加值的绝对值,我们可以清楚地看到一般贸易属权增加值占比明显高于加工贸易属权增加值占比。有两个原因可以解释这个现象:

(一)与出口企业的所有制结构有关,进入中国的外资企业大都从事加工贸易。

(二)与中间品的进口有关,加工贸易的特点就是大量进口外国的中间产品。所以加工贸易的属权增加值占比要低于一般贸易的属权增加值占比。

从发展趋势上看,两种贸易方式所形成的属权增加值占比都呈现为上升趋势。

表2-6 区分贸易方式和年份的属权出口增加值

年 份	一般贸易属权增加值	加工贸易属权增加值
2000	89.15%	16.77%
2001	89.27%	14.98%
2002	89.77%	16.01%
2003	89.27%	15.52%
2004	91.97%	16.25%
2005	89.83%	16.70%
2006	90.12%	17.73%

数据来源:作者计算所得。

表2-7是区分了贸易方式和行业的属权出口增加值占比,从行业分布中,我们同样可以清楚地看到一般贸易属权增加值占比大于加工贸易属权增加值占比。例如,过去40年间,中国出口量较大的纺织行业,2000年其一般贸易属权增加值占比为92.55%,而其加工贸易属权增加值占比为16.45%。这背后的原因在于:相比加工贸易而言,一般贸易雇用了更多的本国要素。

表 2-7 区分贸易方式和行业的属权出口增加值

一般贸易属权增加值			加工贸易属权增加值		
行　　业	2000 年	2006 年	行　　业	2000 年	2006 年
电力、热力的生产和供应业	87.63%	89.79%	纺织服装、鞋、帽制造业	21.23%	27.94%
电气机械及器材制造业	94.43%	91.18%	纺织业	16.4547%	16.4471%
纺织服装、鞋、帽制造业	91.52%	91.33%	非金属矿采选业	5.69%	7.54%
纺织业	92.55%	92.30%	非金属矿物制品业	20.58%	17.96%
非金属矿采选业	84.78%	85.75%	废弃资源和废旧材料回收加工业	19.23%	
非金属矿物制品业	88.36%	88.84%	工艺品及其他制造业	15.55%	24.09%
废弃资源和废旧材料回收加工业	90.39%	73.96%	黑色金属矿采选业	4.02%	9.34%
工艺品及其他制造业	84.61%	91.61%	黑色金属冶炼及压延加工业	13.44%	
黑色金属矿采选业	94.93%	90.72%	化学纤维制造业	15.33%	10.37%
黑色金属冶炼及压延加工业	91.43%		化学原料及化学制品制造业	12.71%	10.94%
化学纤维制造业	93.83%	90.10%	家具制造业	16.45%	16.89%
化学原料及化学制品制造业	89.76%	88.31%	交通运输设备制造业	14.08%	14.02%
家具制造业	89.87%	91.17%	金属制品业	15.41%	15.97%
交通运输设备制造业	90.73%	90.66%	木材加工及木、竹、藤、棕、草制品业	20.82%	19.14%
金属制品业	88.13%	90.56%	农副食品加工业	15.75%	20.26%
煤炭开采和洗选业	92.53%	95.58%	皮革、毛皮、羽毛（绒）及其制品业	19.13%	23.07%
木材加工及木、竹、藤、棕、草制品业	88.24%	91.34%	石油加工、炼焦及核燃料加工业	7.49%	9.34%

续表

一般贸易属权增加值			加工贸易属权增加值		
行　业	2000年	2006年	行　业	2000年	2006年
农副食品加工业	85.11%	88.31%	食品制造业	14.06%	13.47%
皮革、毛皮、羽毛(绒)及其制品业	93.18%	93.15%	水的生产和供应业	11.10%	
燃气生产和供应业	93.52%		塑料制品业	13.99%	14.55%
石油和天然气开采业	99.98%	91.32%	通信设备、计算机及其他电子设备制造业	14.05%	14.29%
石油加工、炼焦及核燃料加工业	93.80%	85.88%	通用设备制造业	16.88%	13.92%
食品制造业	84.64%	85.04%	文教体育用品制造业	18.98%	22.72%
塑料制品业	85.46%	90.97%	橡胶制品业	17.46%	17.71%
通信设备、计算机及其他电子设备制造业	89.57%	87.90%	医药制造业	20.08%	20.68%
通用设备制造业	88.59%	89.49%	仪器仪表及文化、办公用机械制造业	14.68%	19.49%
文教体育用品制造业	88.16%	91.98%	饮料制造业	16.00%	19.70%
橡胶制品业	89.30%	89.60%	印刷业和记录媒介的复制	16.44%	17.22%
烟草制品业	91.67%		有色金属冶炼及压延加工业	16.00%	11.26%
医药制造业	89.31%	88.47%	造纸及纸制品业	13.43%	13.87%
仪器仪表及文化、办公用机械制造业	88.03%	88.99%	专用设备制造业	15.34%	18.54%
饮料制造业	83.61%	86.88%			
印刷业和记录媒介的复制	81.98%	87.57%			
有色金属矿采选业	92.07%	89.91%			

续表

一般贸易属权增加值			加工贸易属权增加值		
行　　业	2000年	2006年	行　　业	2000年	2006年
有色金属冶炼及压延加工业	90.26%	90.51%			
造纸及纸制品业	86.74%	88.38%			
专用设备制造业	87.50%	86.85%			

数据来源：作者计算所得。

　　从一般贸易属权增加值占比高低的行业分布看，资源密集型行业的属权增加值占比普遍较高。开放程度较高行业的属权增加值占比普遍较低。资源密集型行业生产出口的产品多为初级产品，这些初级产品均在国内采购并加工出口，且资源密集型行业的外资进入限制较多，所以资源密集型行业的属权增加值占比相对较高。开放度较高行业属权增加值占比较低的原因与中间品进口和外资企业进入有关。中间品进口使得企业减少使用国内中间品，进而降低了本国要素在出口增加值中的比重。外资企业的进入使得出口产品中更多使用了外国的机器和设备，出口企业所实现的利润也划归外资所有，所以开放程度较高行业的属权增加值占比相对较低。

　　从加工贸易属权增加值占比高低的行业分布看，劳动密集型行业的属权增加值占比普遍较高，资源密集型行业的属权增加值占比普遍较低。劳动密集型行业属权增加值占比相对较高的原因与加工贸易的模式特点有关。加工贸易的模式特点是"两头在外"。通过大量进口国外中间品在国内生产并复出口是对"两头在外"特点的概括。在这种模式下，国内生产阶段所产生的加工费即为加工贸易的出口增加值。在该生产阶段雇用的本国要素越多，所产生的属权出口增加值也就越大。劳动密集型的加工贸易生产阶段需要雇用大量的本国劳动力，所以劳动密集型行业加工贸易属权增加值占比相对较高。

　　资源密集型行业的属权增加值占比普遍较低的原因在于：资源密集型行业加工贸易生产阶段所需要雇用的本国要素较少。环境规则的不健全是资源密集型行业选择中国的原因。这些资源密集型行业生产阶段表现为重污染,低出口增加值。在装配阶段,此类行业不需要雇用大量本国要素(如劳动力)。所以,这些行业的属权增加值占比普遍较低。

表2-8计算了区分贸易方式和省份的属权出口增加值占比。在省级层面,我们同样发现一般贸易属权增加值占比普遍高于加工贸易属权增加值占比。2000年,一般贸易属权增加值占比平均值为88.5%,加工贸易属权增加值占比平均值为22.02%;2006年,一般贸易属权增加值占比平均值为89.19%,加工贸易属权增加值占比平均值为20.78%。

表2-8 区分贸易方式和省份的属权出口增加值

一 般 贸 易			加 工 贸 易		
省 份	2000年	2006年	省 份	2006年	2006年
安徽	87.75%	91.21%	安徽	22.41%	9.58%
北京	81.91%	84.80%	北京	26.42%	19.90%
福建	85.51%	88.17%	福建	16.28%	20.84%
甘肃	87.52%	89.34%	甘肃	22.37%	44.06%
广东	89.22%	89.39%	广东	16.36%	17.82%
广西	90.73%	88.64%	广西	13.46%	26.19%
贵州	94.75%	91.29%	贵州		12.78%
海南	83.74%	82.42%	海南	8.58%	8.49%
河北	88.27%	90.59%	河北	29.05%	20.57%
河南	91.56%	92.70%	河南	29.64%	28.66%
黑龙江	88.87%	89.05%	黑龙江	38.56%	22.60%
湖北	91.07%	90.92%	湖北	28.09%	36.51%
湖南	92.72%	90.88%	湖南	12.80%	21.73%
吉林	85.01%	88.03%	吉林	29.08%	20.63%
江苏	90.26%	89.50%	江苏	19.11%	14.40%
江西	93.31%	88.72%	江西	36.62%	16.83%
辽宁	86.82%	87.12%	辽宁	17.18%	21.08%
内蒙古	85.63%	88.75%	内蒙古		17.82%
宁夏	85.29%	86.74%	宁夏		10.72%

续表

一般贸易			加工贸易		
省　份	2000年	2006年	省　份	2006年	2006年
青海	89.51%	93.43%	山东	18.63%	18.67%
山东	89.41%	89.16%	山西		23.68%
山西	94.12%	88.94%	陕西	16.19%	22.74%
陕西	89.74%	89.35%	上海	16.64%	12.90%
上海	83.32%	80.46%	四川	2.54%	24.11%
四川	91.10%	91.22%	天津	15.91%	19.82%
天津	84.70%	85.25%	新疆		6.34%
西藏		96.49%	云南	54.05%	45.48%
新疆	81.55%	89.45%	浙江	16.51%	17.04%
云南	90.75%	85.36%	重庆		20.66%
浙江	92.41%	94.20%			
重庆		93.26%			

数据来源：作者计算所得。

从一般贸易属权增加值高低的省份分布看，沿海省份的一般贸易属权增加值占比低于内陆省份的一般贸易属权增加值占比。其背后的原因在于沿海省份的开放程度相对较高，外资企业相对较多，进口国外中间品相对较多，所以沿海省份的一般贸易属权增加值占比低于内陆省份的一般贸易属权增加值占比。

从加工贸易属权增加值高低的省份分布看，沿海省份的加工贸易属权增加值占比同样低于内陆省份的加工贸易属权增加值占比。其背后的原因在于沿海省份的垂直专业化程度更高，分工更细，进口国外中间品相对较多，所以沿海省份的加工贸易属权增加值占比低于内陆省份的加工贸易属权增加值占比。

六、按直接增加值的核算

根据上文给出的方法，本书对直接属地和属权增加值占比计算如下(表2-9):2007年外资加工出口企业直接属地增加值占比为16.46%,外资加工出口企业直接属权增加值占比为8.27%,两者背离的绝对差值为-8.19%;2007年外资非加工出口企业直接属地增加值占比为20.11%,外资非加工出口企业直接属权增加值占比为9.74%,2012年外资加工出口企业直接属地增加值占比为14.07%,外资加工出口企业直接属权增加值占比为8.3%;2012年外资非加工出口企业直接属地增加值占比为19.49%,外资非加工出口企业直接属权增加值占比为9.81%。

表2-9 基于投入产出表测算的不同所有制不同贸易方式企业直接属地与属权增加值

	直接属地增加值占比(%)		直接属权增加值占比(%)	
	2007年	2012年	2007年	2012年
内资加工出口企业	19.61	14.71	19.34	14.52
外资加工出口企业	16.46	14.07	8.27	8.30
内资非加工出口企业	20.78	20.89	20.62	20.72
外资非加工出口企业	20.11	19.49	9.74	9.81
制造业总出口	18.72	17.51	15.16	14.75

从时间维度比较看,2012年较2007年而言,由外资企业所带来的本国要素直接出口增加值拉动效应(直接属权增加值占比)保持稳定。

七、按完全增加值的核算

考虑到上下游的产业联系,本书根据先前介绍的投入产出方法,进一步测算了出口中隐含的间接增加值,表2-10为考虑间接出口增加值的完全出口增加值。2007年和2012年,外资加工出口企业的完全属权增加值占比分别为25.68%和26.78%,期间外资加工出口企业对于本国要素出口增加值的拉动效应(属权增加值占比)上升了1.1%;2007年和2012年,外资非加工出口企业的完全属权增加值占比分别为65.03%和59.08%,期间外资非加工企业对于本国要素出口增加值的拉动效应下降了5.95%。本书发现,从绝对值上看,外资加工企业单位出口对于本国要素出口增加值的拉动效应要小于外资非加工出口企业。从时间变化趋势上看,外资非加工企业单位出口对于本国要素出口增加值的拉动效应在不断下降。从不同所有制企业的比较看,外资企业出口对本国要素增加值的拉动效应要小于内资企业。

表 2-10　基于投入产出表测算的不同所有制不同
贸易方式企业完全属地与属权增加值率

	完全属地增加值占比(%)		完全属权增加值占比(%)	
	2007	2012	2007	2012
内资加工出口企业	35.62	42.34	34.10	38.29
外资加工出口企业	34.63	38.33	25.68	26.78
内资非加工出口企业	83.76	82.83	79.59	74.22
外资非加工出口企业	77.18	79.10	65.03	59.08
制造业总出口	57.65	61.54	50.56	50.59

第四节　本章小结

属地增加值贸易方法为国内外学者所肯定。但是,同样基于经济全球化的历史特征,这一方法虽注意到全球价值链分工,却没有注意到另一个更重要的事实,即跨国公司所主导的"国际生产"。在这种生产模式下,一国实现的出口增加值中既有来自外国生产要素的贡献,又有来自本国生产要素的贡献。出口收益分属外国生产要素和本国生产要素,也就是说增加值贸易的属地分析方法必须推进到属权分析方法,由此才能真正体现本国生产要素在出口中的收益。

属权增加值的分析方法对于探讨要素流入国的贸易收益尤为重要。改革开放40年来,在跨国公司主导的"国际生产"下,以机器设备和知识要素为代表的生产要素大量流入中国,与中国廉价劳动力就某一产品进行合作生产,推动了中国对外贸易的发展,实现了中国的巨额对外贸易顺差。但是,中国的对外贸易顺差并不仅归属于中国要素,以跨国公司为载体的外国要素也在中国贸易顺差中分享了可观的收益。

增加值贸易核算方法的初衷是计算全球价值链驱动下各国双边贸易的实际情况,进而厘定各国在国际贸易中实际所获取的贸易收益。属地增加值的统计无疑不能为我们揭示要素收益的归属问题,然而,收益的归属问题恰恰又是增加值统计提出的初衷。忽略要素属权的增加值统计或又将高估或低估各国出口增加值贸易中的实际贸易收益。

属权增加值统计具有更明确的政策含义。一国政府更关心属权意义上的出口增加值核算。出口增加值的属权核算反映了一国属权要素的出口收益,这不仅关系到一国对外经贸谈判中的真正得失,而且还涉及一国对自身出口竞争力的真实判断。

增加值贸易要素收益的国民属性是本章关注和讨论的重点,中国在外资主导型贸易发展特征下,出口规模并非中国贸易地位的真实体现,属地出口增加值的统计也并非中国要素收益的真实体现。由此,本章提出了属权出口增加值的核算,并运用企业层面数据核算了中国加工贸易企业的属权出口增加值。

生产要素的国际流动改变了世界经济的运行机制,为全球化生产布局提供了可能性。生产要素的国际流动改变了一国的生产结构,进而改变了一国的出口结构,也改变了一国出口商品所含要素的属权结构。强调增加值贸易属权特征的基本要义是还原本国要素从贸易中所获取的真实收益。本章的初衷并不是从贸易福利的角度出发,说明存在属权特征的增加值贸易不利于中国对外贸易的发展。提出属权出口增加值的意义在于:

第一,赋予增加值贸易更为细化的经济学含义。

在全球要素合作生产的大环境下,属地增加值的高低缺少明确的经济学含义。属权增加值聚焦于增加值贸易中的本国要素收益,其经济学的福利指向更为明确,帮助我们进一步认识本国要素在参与全球价值链分工中获取的收益。

第二,科学地评估本国要素的国际分工参与度。

属地增加值统计相较总值贸易统计更好地还原了一国的国际分工参与度,但是属地增加值统计仍然高估了要素流入国中本国要素参与国际分工的贡献度。属权增加值统计可以更为清晰地告诉我们一国要素参与多少国际分工。

第三,提供贸易谈判中的实证依据。

增加值贸易研究的伊始就是为了回答中美贸易谈判的相关争端。然而,属地增加值贸易统计仍然没有完全厘清一国要素的实际贸易收益。在投资贸易一体化的背景下,一国的贸易收益应该更多地去分析一国贸易参与主体的国别属性,应该更多地去分析一国贸易中所含要素的国别属性,应该更多地去分析一国贸易收益的归属去向。属权出口增加值统计将更有利于增加要素流入国的谈判砝码。

# 第三章

属权增加值贸易的理论机制

生产要素国际流动改变了一国的要素禀赋结构，进而改变了一国的生产结构，也改变了一国的出口结构，从而形成了一国出口增加值的属权结构。在这个过程中，生产要素的国际流动将更多地国家融入全球价值链，为更多发展中国家提供了发展的机会，产生了属权增加值的创造效应。与此同时，生产要素的国际流动也带来了出口增加值的分配效应。

第一节 属权增加值贸易产生的逻辑

属权增加值贸易产生的现实背景是生产要素国际流动，生产要素国际流动是属权增加值贸易产生的现实基础。生产要素国际流动优化了国际国内的要素比例关系，促进了国际国内的要素配置效率，带动了全球增加值贸易，也形成了一国的属权增加值贸易，构成了增加值贸易的属权结构。

一、经济全球化是属权增加值贸易形成的外部环境

属权增加值贸易的外部环境是经济全球化的发展。经济全球化的发展为本国要素增加值的出口提供了优质的外部环境。经济全球化是过去40年世界经济变化发展过程中最重要的历史进步。经济全球化不仅通过贸易、投资和金融，将世界各国的经济联系在了一起；经济全球化更是通过制度协调、国际组织和自身开放，将世界各国的经济体制联系在了一起。

经济全球化为各国融入世界经济提供了机会、为发展中国家融入全球价值链的发展提供了端口、更为本国要素增加值的出口提供了更多的可能。

开放的制度环境是双向的,既包括发达国家的制度开放,也包括了发展中国的制度开放。双向的制度开放为各国企业的对外经济活动提供了自由的外部经济环境。

在贸易领域,开放的制度环境表现为贸易壁垒的下降。这种贸易壁垒的下降不仅表现在关税壁垒,也表现在非关税壁垒。关税壁垒长期影响着各国的对外贸易发展,高关税制约了国际分工,影响了一国的出口和进口,进而限制了一国相关产业的发展。经济全球化使得产品生产涉及更多的国家关税的影响范围,也不仅限于双边对外贸易,而且作用于多边贸易。全球供应链的生产合作方式使得关税的影响相比经济全球化之前来得更为重要。

"二战"以后,通过国际社会的广泛合作和谈判,区域贸易协议不断达成,各国的关税水平大幅下降。2010年世贸组织成员的制成品平均实施关税降至2.6%。关税除了对进口商和出口商的直接影响外,关税还影响到了国内中间投入品的价格。由于对外国竞争者降低征收关税,国内生产商也可能会降低加价,进而促进国内产业链的发展,带动本国生产要素增加值的出口,提高本国属权增加值的发展。

2001年,随着中国加入WTO组织,中国的对外贸易关税大幅下降。关税的下降使得中国得以迅速地融入全球价值,中国的出口贸易实现了巨大的发展,本国要素所实现的增加值不断上升。

从另一方面看,非关税壁垒的降低同样在很大程度上促进了各国贸易的发展。非关税壁垒是指除去关税以外的所有限制贸易发展的政府行为。非关税壁垒主要包括通关环节壁垒、许可证壁垒和贸易资格壁垒等。非贸易壁垒影响着各国进出口行为的不确定性,这些非关税壁垒的存在都影响着一国国际贸易的发展。国际贸易的物流发展程度决定了各国流通环节的贸易成本。流通环节的贸易成本不仅取决于进出口国家的基础设施,还取决于进出口国的监管措施和程序,而恰恰是这些监管措施和程序决定了货物进出口需要的时间和成本。Hummels and Schaur(2013)估算了清关时间和关税之间的等价条件,得出货物每天延迟进出口一天,相当于对产品征收0.6%~2.1%的关税。

在投资领域,各国国内市场的开放为外国投资者全球配置资源提供了制度保障,各国对外国投资者的不断开放国内市场推动着投资领域的自由化。20世纪80年代后期,各国纷纷签订了双边或多边的投资协定。这些投资协定为全球FDI流动和配置提供了透明和自由的制度环境。2017年全球FDI流量达到1.8万亿美元。1970—2017年,世界FDI流量总量增长了138.5倍。

投资领域的自由化涉及外资准入和外资的国民待遇问题。外资准入范围的扩大和外资国民待遇的普及都对跨国公司的全球布局带来了便利。跨国公司的发展极大带动了属权增加值贸易。跨国公司作为全球价值链的主导者,对于东道国要素增加值放入出口具有重要意义。

金融领域。金融的全球化为属权增加值的出口提供了融资便利和清算便利。本国要素增加值的出口依靠金融领域的全球化得到了巨大的发展。随着金融全球化的展开,跨国公司可在全球不同国家间通过高效的计算机网络实现资金的交易、清算和支付。1997年,世界贸易组织成员方签署《金融服务协议》,把允许外国在其境内建立金融服务公司并将按竞争原则运行作为加入该组织的重要条件,进一步提高了跨国公司资金全球流动的速度和效率。全球金融市场的存在促进了生产要素跨境流动的效率。全球金融市场的发展,特别是股票市场为跨国公司筹集资金提供了高效的场所。跨国公司筹集资金效率的高低,关系到跨国公司全球资金流动的速度,进而影响到全球生产要素流动的效率。

贸易融资是金融全球化在增加值贸易流通领域的重要表现。贸易融资的便利,有利于企业购买(进口)中间品,加速企业产品销售(出口)周期,金融融资也有利于企业购买(进口)机器设备进行扩大再生产,提升企业的资本有机构成,提高企业的人均资本比,进而提高产品的生产率和质量。

贸易清算是金融全球化在增加值贸易结算领域的重要表现。贸易清算涉及进出口信用证、进出口货币的兑换等。贸易清算的快慢直接影响到出口企业的贸易成本,快捷的贸易清算手续可以帮助企业缩短产品的生产周期,缩短企业产品的交货日期,进而提高本国要素的增加值出口。

经济全球化的发展,为各国增加值贸易的发展提供了开放的外部环境,贸易、投资、金融的全球化,为本国要素出口增加值提供了制度保障。

二、全球价值链是属权增加值贸易的组织形式

全球价值链[①]已经成为当今世界经济、全球贸易的一个重要载体。鲍德温(2012)指出商品、投资、服务、专业技术和人在国际生产网络中的跨国流动已经改变了世界。技术进步、通信成本和市场进入门槛的降低,驱动着当前的国际生产分工。贸易政策的透明化和自由化,也为国际分工的发展创造了有利的外部环境。在这种环境下,跨国公司正在不断地重塑自己的运营组织结构,离岸和外包变得更为常见。鲍德温和维纳布尔斯(2013)对于离岸和外包的组织形式,提出了"蛛网"[②]和"蛇形"[③]概念两种运行模式。在这两种运行模式中,某国进口他国中间品进而加工复出口的现象变得越来越普及,从而产生了属地意义上的增加值贸易。在这个生产活动中,不同国籍的生产要素针对产品某一生产环节进行专业化分工,共同创造新的增加值,进而有了属权意义上的增加值贸易。

全球价值链的快速发展将国际贸易分割成多个部分分散在不同的国家(Krugman and Venables, 1995),一个国家的出口产品不再仅是本国要素的凝结,而是各国生产要素合作专业化生产的结果(张幼文,2007)。

跨国公司作为全球要素合作的组织形式和载体,2010 年由其驱动的贸

[①] 全球价值链这一概念正是由早期产品的价值链、全球商品链等概念逐渐演化而来。Porter 于 1985 年在其著作 Competitive Advantage 一书中首次提出了价值链的概念(Porter, 1985),他认为,企业生产产品包含了从产品设计、生产到最终销售等多个不同但又相互连接的活动,每一项活动均形成价值,是企业价值链上的一个环节。产品生产和服务的活动形成的价值相连接即形成了价值链。Gereffi 等又将价值链与产业的全球组织联系起来,提出了全球商品链概念,并将其分为生产者驱动全球商品链和消费者驱动全球商品链(producer-driven 和 buyer-driven global commodity chains)(Gereffi 等,1994, 1999)。基于此,逐渐形成了全球价值链的概念。根据联合国工业发展组织的定义(UNIDO, 2004),全球价值链是指为实现商品或服务价值而连接生产、销售、回收处理等过程的全球性跨企业网络组织。在此过程中,包括了从原料采购、运输、半成品和成品的生产和分销,直至最终消费和回收处理的整个过程。
[②] 蛛网概念是指生产加工过程中的多种零部件以不特定的顺序被组装。
[③] 蛇形概念是指生产加工过程的顺序是由工程决定的,商品从上游企业到下游企业是一个连续的过程,并且在这一个过程中伴随着价值增加值。

易量为全球贸易量的80%。在此背景下,世贸组织在2010年提出了"世界制造"(Made in the World)的概念,意在向各方传递一个信号,即当今国际贸易的实质是在全球价值链驱动下世界生产。

全球价值链的特点是将产品价值链中的相关活动在功能和空间上实现全球布局。这些相关活动包括生产、分销、销售、营销、研发和创新(De Backer 和 Yamano,2012)。苹果公司的 iPhone 手机沿着全球价值链的空间布局实现了多次跨境生产。产品每次跨境都会产生相应的增加值,此类增加值中既有本国要素创造的增加值,也有外国要素创造的增加值,是本国要素和外国要素共同创造的结果。

因此,在经济全球化下,全球价值链是产品全球分段化生产的组织形式,属权增加值贸易依托于全球价值链的发展得以开展。属权增加值依托于全球价值链中的某一链条生产环节,是垂直专业化分工在具体某一链条的体现。

三、生产要素国际流动是属权 增加值贸易深化的现实基础

属权增加值是一国出口贸易中本国要素所创造的增加值。属权增加值贸易是各国要素通过国际合作,深化专业化分工的结果。在生产要素国际流动的时代大背景下,一国属地意义上的出口并不完全反映一国出口的真实情况。属权增加值贸易是对一国实际参与国际贸易分工的体现,是一国进行对外贸易谈判的科学依据。

属权增加值贸易理论机制的核心是垂直专业化分工的深化,是不同国家间要素分工的表现。基于垂直专业化的增加值贸易重塑了21世纪的全球经济。增加值贸易使得更多的发展中国家有了融入全球化的机会。劳动密集型的生产阶段的外包和以技术为主的生产要素的国际流动给发展中国家的经济腾飞提供了动力。从经验数据看,南北国家间的收入水平差距开始缩小,这是过去100年经济发展中不曾有过的现象(Baldwin,2012)。

增加值贸易的实质是国际分工的深化。国际分工可分为两类：一类是水平分工；另一类是垂直分工。水平分工为产业间分工，各国按照自身的禀赋条件和产业规模效应进行水平层面上的国际分工，由水平分工所形成的增加值贸易，其贸易的金额与传统贸易统计口径相同，即为出口货物的价值。垂直分工为产业内分工，垂直专业化分工将一项商品的连续生产过程切割成一条垂直的贸易链，而由每个国家根据其比较优势承担某个阶段的商品生产，并获取其相应的附加值。垂直分工的深化表现为同一产业内不同产品不同生产环节可以在全球不同国家间进行最优配置，不同生产环节所生产的产品需要通过国际贸易进行衔接。此时的增加值贸易为生产环节增值部分的贸易，由垂直分工所形成的增加值贸易，其贸易的金额与传统贸易统计口径不同，增加值贸易计算的是生产环节中增值部分的贸易额，而传统统计口径计算的是货物的总价值。

信息技术的革命、跨国公司的出现和各国对外政策的放松，使得中间品贸易得到了空前的发展，即进口他国中间品在本国加工进而复出口的现象。国际经济学家围绕这一国际贸易新现象展开了深入的研究。垂直专业化分工(Balassa, 1967; Hummels et al., 2001)是解释中间品贸易发展的一个重要方面。不同学者试图从不同的理论中找到垂直专业化发生的原因，分别有比较优势理论(Dixit and Grossman, 1982)、规模经济(Ishii and Yi, 1997)、不完全竞争(Arkolakis and Ramanarayanan, 2004)、产业组织与契约理论(Grossman and Helpman, 2004)等。

也有学者试图寻找不同的概念来对中间品贸易的特点进行描述，从而更好地刻画由垂直专业化所带来的国际分工新变化。Arndt and Kierzkowski(2001)提出的国际生产分工(International Fragmentation)、Yeats(1998)提出的全球生产共享(Global Production Sharing)、Glass and Saggi(2001)提出的国际生产外包(International Outsourcing)和Grossman and Rossi-Hansberg(2008)提出的任务贸易(Trade in Tasks)等。这些术语都从不同角度对国际分工的现状进行了刻画。虽然它们的含义不尽相同，但在某种程度上均体现了跨越国界生产的日益广泛性以及各方共同参与生产的重要性。

总体而言，关于碎片化生产(Fragmentation)这一现象，或者称为(slicing up

the value chain、international segmentation of production、multi-stage production、outsourcing 等)。很多文献试图将其数量化。以往文献(2007年之前)大都运用垂直专业化程度指标(Vertical Specialization, VS)来予以刻画，VS=(中间进口品)/(出口)(Hummels et al., 2001)，一国 VS 的上升意味着一国垂直专业化程度的提高。2007 年之后相关研究转向增加值贸易研究，增加值贸易的度量指标为增加值出口占比，VAT=(出口增加值)/(出口)，简单地分析，可以发现 1−VS＝VAT 的等式关系。垂直专业化程度(VS)和增加值出口占比(VAT)是同一问题的两个视角，VS 指标更多地是从生产角度来阐述全球分工对提高产品生产率的影响，而 VAT 指标则更多地是从分配角度来分析全球价值链对各国贸易收益的影响。

为了更好地理解属权增加值的理论基础，本书试图在 Yi(2003)的图示框架基础上来阐述生产要素国际流动对增加值贸易的影响，进而在该图示框架下引出属权增加值贸易的理论基础。Yi(2003)的图示框架为学界理解垂直专业化分工中属地增加值贸易发生的理论基础，提供了一个非常清晰的视角，该图示框架也成了日后研究的属地增加值贸易的范本。

与 Yi(2003)的图示框架相同，本书将贸易参与方抽象为 3 个国家，分别为外国、东道国和第三国。不同于 Yi(2003)的是，本书在图示框架中加入了跨国公司，跨国公司在东道国进行绿地投资，并设厂生产。

跨国公司作为产品生产的组织者，不仅进口外国中间品，而且"进口"以机器设备和知识要素为主的外国生产要素，从而实现生产要素的国际流动。在图 3-1 中，我们看到跨国公司通过生产要素的国际流动(①)将外国生产要素配置到东道国，与东道国生产要素合作针对产品的某一生产环节进行专业化生产，形成了要素合作型国际专业化(③)。

需要重点分析的是，由生产要素国际流动带来的要素合作型国际专业化对增加值贸易的发展产生了 3 方面重要的影响。

(一) 跨国公司主导下的生产要素国际流动深化了垂直专业化分工，促进了中间品贸易(②)

中间品贸易发展是全球分工的拓展，中间品贸易发展的主体是跨国公

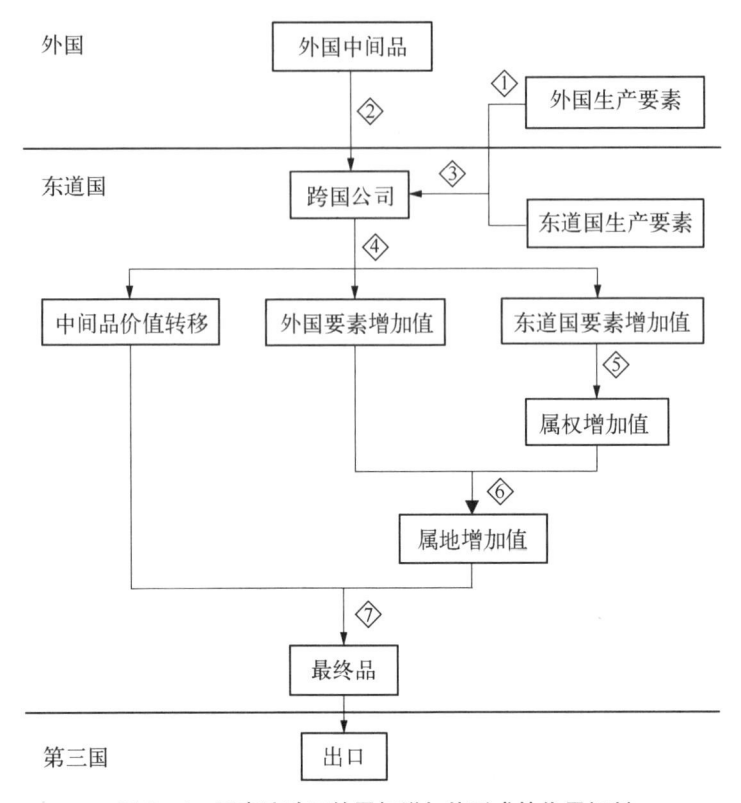

图 3-1 要素流动下的属权增加值形成的作用机制

司,以跨国公司为载体的生产要素国际流动推动了中间品贸易。在产品生产过程,东道国要素和外国生产要素的"国际生产"提升了产品的生产效率,跨国公司需要进口更多的外国中间品来满足"国际生产"的需要。由此,外国要素流入东道国带来了更多的中间品进口,深化了垂直专业化分工。

(二) 跨国公司主导下的生产要素国际流动优化了各国的要素比例关系,带动了闲置生产要素,提升了增加值出口

跨国公司通过机器设备等生产要素的输出,改变了生产要素流入国原有的生产要素结构,深化了要素流入国和要素流出国之间的国家分工。在现实生产活动中,生产要素间的替代性并不完全连续,存在错配要素和失业要素。生产要素的国际流动优化了各国的要素配置,特别是存在闲置生

产要素的东道国。外国要素获取了更高的收益,东道国生产要素进入了全球生产贸易领域。生产要素国际流动深化了经济全球化,为各国积极参与国际分工提供了更多的机会和可能,推动了各国对外贸易的发展。由此,外国要素流入东道国带动了更多的增加值出口,促进了经济全球化的发展。

(三) 跨国公司主导下的生产要素国际流动形成了增加值贸易的属权结构

生产要素国际流动改变了一国的要素禀赋结构,也改变了一国的生产模式,外国要素和东道国要素就产品的某一生产环节合作生产,将共同创造的增加值赋予出口产品之中。这里我们需要注意的是这一产品增加值的创造并非仅有一国生产要素所创造,而是由跨国公司所拥有的外国生产要素和东道国生产要素合作生产并创造完成。张二震和方勇(2005)将其称为要素分工的结果。由于参与生产的两类要素分别属于不同国家,所以由要素收益而形成的增加值也分属不同国家,从而带来了增加值贸易的属权结构。

跨国公司组织下的"国际生产",其产品价值可分为3个部分(令):中间品价值转移、外国要素所创造的增加值和东道国要素所创造的增加值。属地增加值包括外国要素所创造的增加值和东道国要素所创造的增加值。属权增加值则仅包含东道国要素所创造的增加值。两者的差异在于外国要素对于产品增加值的贡献大小。要素流入国的主要贸易特征是外资主导型的出口模式,这一情况在中国的对外发展发展过程中尤为明显。所以,对于外资主导出口的东道国而言,属权增加值更能反映东道国要素的实际收益。

属权增加值的理论基础是要素分工(张二震和方勇,2005)。要素分工强调要素合作型国际专业化。要素合作型国际专业化目标是实现其产品成本最小化。产品增加值的跨国"传递"则成为这一跨国生产活动得以实现的重要传导机制。与此同时,要素的分工又带来了增加值贸易的属权结构。因而,为了更好地厘清一国参与全球价值链分工的实际贡献或者实际收益,增加值核算有必要由属地核算推进到属权核算。

第二节　生产要素国际流动对属权
　　　　增加值贸易产生的创造效应

生产要素国际流动推动了全球价值链分工的拓展和深化,创造了一国的增加值贸易,形成了要素流动的增加值贸易效应。生产要素的国际流动优化了各国国境内的要素比例关系,带动了闲置生产要素,使得更多的生产要素进入全球生产贸易领域,让更多的国家嵌入了全球价值链,深化了全球价值链分工,带动了一国的国际贸易,进而创造了一国的增加值贸易。

一、属权增加值贸易创造
　　效应的作用机制

本节试图构建一个理论模型在阐述不同情况下生产要素国际流动对于属权增加值贸易的创造效应。

我们假设经济中存在两个部门:一个部门由本国要素组成,称为本国要素部门(下标记为h);另一个部门由本国要素和流入的外国要素共同组成,称为国际要素部门(下标记为f)。两个部门的生产函数设为如下:

$$Y_i = A_i \left[\delta_{l_i} L_i^{\frac{\rho-1}{\rho}} + \int_{j=1}^{n_i} \delta_{k_{ji}} k_{ji}^{\frac{\rho-1}{\rho}} dj \right]^{\frac{\theta_i \rho}{\rho-1}} \quad i = h, f \quad (3-1)$$

部门i的增加值记为Y_i;技术水平为A_i;雇用的劳动力数量记为L_i;资本的投入量记为k_{ji},这些抽象的资本可以表现为机器、品牌、销售渠道等资本类生产要素。记$\delta_{l_i} + \sum_{j=1}^{n_i} \delta_{k_{ji}} = 1$;

令$k_{ji} = k_i$,$\delta_{k_{ji}} = \delta_{k_i}$,式(3-1)可写为:

$$Y_i = A_i \left[\delta_{l_i} L_i^{\frac{\rho-1}{\rho}} + n_i \delta_{k_i} k_i^{\frac{\rho-1}{\rho}} \right]^{\frac{\theta_i \rho}{\rho-1}} \quad i = h, f \quad (3-2)$$

本国要素部门或者国际要素部门的成本函数可以写为:

$$C_i = wL_i + n_i r_i k_i \quad i = h, f \quad (3-3)$$

其中 w_i 为工人的工资；r_i 为资本的租金

将式(3-2)设定为目标函数，式(3-3)设定为约束条件，我们有：

$$\min wL_i + n_i r_i k_i$$

$$s.t. \ A_i [\delta_{L_i} L_i^{\frac{\rho-1}{\rho}} + n_i \delta_{k_i} k_i^{\frac{\rho-1}{\rho}}]^{\frac{\theta_i \rho}{\rho-1}} \geqslant Y_i$$

$$L_i \geqslant 0, \ k_i \geqslant 0 \quad i = h, f$$

求解可得：

$$L_i = \left(\frac{Y_i}{A_i}\right)^{\frac{1}{\theta_i}} \frac{\delta_{L_i}^\rho w^{-\rho}}{(w^{1-\rho}\delta_{L_i}^\rho + n_i r_i^{1-\rho}\delta_{k_i}^\rho)^{\frac{\rho}{\rho-1}}} \quad (3-4)$$

$$k_i = \left(\frac{Y_i}{A_i}\right)^{\frac{1}{\theta_i}} \frac{\delta_{k_i}^\rho r_i^{-\rho}}{(w^{1-\rho}\delta_{L_i}^\rho + n_i r_i^{1-\rho}\delta_{k_i}^\rho)^{\frac{\rho}{\rho-1}}} \quad (3-5)$$

将式(3-4)和式(3-5)代入式(3-3)中，我们可得本国要素部门或国际要素部门的成本函数为：

$$C^i = \left(\frac{Y_i}{A_i}\right)^{\frac{1}{\theta_i}} (w^{1-\rho}\delta_{L_i}^\rho + n_i r_i^{1-\rho}\delta_{k_i}^\rho)^{\frac{1}{1-\rho}}$$

进而可得单位成本函数为：

$$c^i = \left(\frac{Y_i^{1-\theta_i}}{A_i}\right)^{\frac{1}{\theta_i}} (w^{1-\rho}\delta_{L_i}^\rho + n_i r_i^{1-\rho}\delta_{k_i}^\rho)^{\frac{1}{1-\rho}}$$

由包络定理可得单位产出所需的劳动量(τ_{L_i})和单位产出所需的资本量(τ_{k_i})分别为：

$$\tau_{L_i} = \frac{\partial c^i(w, z, r_i)}{\partial w} = \left[\frac{Y_i^{1-\theta_i}}{A_i}\right]^{\frac{1}{\theta_i}} \delta_{L_i}^\rho w^{-\rho} (w^{1-\rho}\delta_{L_i}^\rho + n_i r_i^{1-\rho}\delta_{k_i}^\rho)^{\frac{\rho}{1-\rho}} \quad (3-6)$$

$$\tau_{k_i} = \frac{\partial c^i(w, z, r_i)}{\partial r_i} = \left[\frac{Y_i^{1-\theta_i}}{A_i}\right]^{\frac{1}{\theta_i}} \delta_{k_i}^\rho r_i^{-\rho} (w^{1-\rho}\delta_{L_i}^\rho + n_i r_i^{1-\rho}\delta_{k_i}^\rho)^{\frac{\rho}{1-\rho}} \quad (3-7)$$

我们假设单位产品成本等于产品价格,于是我们可得:

$$P_i = c^i = \left[\frac{Y_i^{1-\theta_i}}{(1-t_i)^{\theta_i} A_i}\right]^{\frac{1}{\theta_i}} (w^{1-\rho}\delta_{l_i}^{\rho} + n_i r_i^{1-\rho}\delta_{k_i}^{\rho})^{\frac{1}{1-\rho}} \quad (3-8)$$

对上式整理可得本国要素部门或者国际要素部门产品的供给曲线为:

$$Y_i^s = A_i^{\frac{1}{1-\theta_i}} \left[\frac{(1-t_i)P_i}{(w^{1-\rho}\delta_{l_i}^{\rho} + n_i r_i^{1-\rho}\delta_{k_i}^{\rho})^{\frac{1}{1-\rho}}}\right]^{\frac{\theta_i}{1-\theta_i}} \quad (3-9)$$

在消费者行为方面,我们假设东道国居民对本国要素部门和国际要素部门所生产出的产品,其效用函数为:

$$U_h = \left[\eta_h (Y_h^d)^{\frac{\sigma-1}{\sigma}} + \eta_f (Y_f^d)^{\frac{\sigma-1}{\sigma}}\right]^{\frac{\sigma}{\sigma-1}} \quad (3-10)$$

Y_i^d 为东道国居民消费部门 i 产品的数量,在给定产品价格的情况下,东道国居民所面对的预算约束条件为:

$$P_h Y_h^d + P_f Y_f^d \leqslant (L_h + L_f)w + n_h k_h r_h = I \quad (3-11)$$

于是通过一阶最优规划,我们可得东道国居民对两大部门产品的需求函数为:

$$Y_i^d = \frac{\eta_i^{\sigma}[(L_h+L_f)w + n_h k_h r_h]}{P_i^{\sigma}(\eta_h^{\sigma} P_h^{1-\sigma} + \eta_f^{\sigma} P_f^{1-\sigma})} \quad i = f, h \quad (3-12)$$

在要素市场环境方面,我们假设资本不可在两个部门间流动,本国要素部门雇用的是本国资本要素,国际要素部门雇用的是外国(流入)资本要素,劳动力可以在两个部门间流动。

本国资本要素的投入产出方程为:$\tau_{k_h} Y_h = n_h k_h = K_h$ (3-13)

外国(流入)资本要素的投入产出方程为:$\tau_{k_f} Y_f = n_f k_f = K_f$ (3-14)

其中 K_h 为本国要素部门的资本总存量;K_f 为国际要素部门的资本总存量。

本国劳动力要素的投入产出方程为:$\tau_{l_h} Y_h + \tau_{l_f} Y_f = L_e$ (3-15)

公式(3-8)可以写为:$P_i = \dfrac{c^i(w, n_i r_i)}{1-t_i}$ $i = h, f$,对上式求全微分并结

合式(3-6)、式(3-7)

可得：$\hat{p}_i = \dfrac{\Phi_{l_i}\hat{w} + n_i\Phi_{k_i}\hat{r}_i}{1-t_i} \quad i=h, f$ （3-16）

其中，产品价格的变化率为 $\hat{p}_i = dP_i/P_i$；工资的变化率为 $\hat{w} = dw/w$；租金的变化率为 $\hat{r}_i = dr_i/r_i$；工资占产品价格的比重为 $\Phi_{l_i} = w\tau_{l_i}/P_i$；租金占产品价格的比重为 $\Phi_{k_i} = r_i\tau_{k_i}/P_i$。

对式(3-13)、式(3-14)、式(3-15)求全微分可得：

$$\Psi_{l_h}\hat{Y}_h + \Psi_{l_f}\hat{Y}_f = \hat{L}_e - (\Psi_{l_h}\hat{\tau}_{l_h} + \Psi_{l_f}\hat{\tau}_{l_f}) \quad i=h, f \quad (3-17)$$

$$\hat{\tau}_{k_i} + \hat{Y}_i = n_i\hat{k}_i \quad (3-18)$$

其中，产品产量的变动率为 $\hat{Y}_i = dY_i/Y_i$，就业率的变动率为 $\hat{L}_e = dL_e/L_e$；本国要素部门或者是国际要素部门的就业量变动率为 $\hat{\tau}_{l_i} = d\tau_{l_i}/\tau_{l_i}$；本国要素部门或者是国际要素部门的就业量占总人口的比重为 $\Psi_{l_i} = L_i/L_e$；本国要素部门或者是国际要素部门雇用资本量的变化率为 $\hat{\tau}_{k_i} = d\tau_{k_i}/\tau_{k_i}$；部门资本数量的变化率为 $\hat{k}_i$。

为了推算的方便，我们将式(3-6)和式(3-7)求全微分整理可得：

$$\hat{\tau}_{l_i} = \dfrac{n_i r_i c^i_{wr_i}(w, n_i r_i)}{\tau_{l_i}}(\hat{r}_i - \hat{w}) \quad (3-19)$$

$$\hat{\tau}_{k_i} = \dfrac{w c^i_{wr_i}(w, n_i r_i)}{\tau_{k_i}}(\hat{w} - \hat{r}_i) \quad (3-20)$$

式(3-20)减去式(3-19)可得：

$$\hat{\tau}_{k_i} - \hat{\tau}_{l_i} = \lambda_i(\hat{w} - \hat{r}_i) \quad 其中 \lambda_i = \dfrac{c^i(w, r_i)c^i_{wr_i}(w, n_i r_i)}{\tau_{k_i}\tau_{l_i}} \quad (3-21)$$

上式与式(3-16)联立可得 $\hat{\tau}_{k_i} - \hat{\tau}_{l_i} = \dfrac{\lambda_i(1-t_i)}{n_i\Phi_{k_i}}(\hat{w} - \hat{p}_i)$

将式(3-18)代入式(3-17)可得：

$$\Psi_{l_h}(\hat{\tau}_{l_h} - \hat{\tau}_{k_h}) + \Psi_{l_f}(\hat{\tau}_{l_f} - \hat{\tau}_{k_f}) = \hat{L}_e - \Psi_{l_h} n_h \hat{k}_h - \Psi_{l_f} n_f \hat{k}_f \quad (3-22)$$

进一步将式(3-21)代入式(3-22)可得：

$$\hat{w} = \frac{1}{\Lambda}\left[\Theta_h(1-t_h)\frac{L_h}{K_h}\hat{p}_h + \Theta_f(1-t_f)\frac{L_f}{K_f}\hat{p}_f \right. \\ \left. + \Psi_{l_h} n_h \hat{k}_h + \Psi_{l_f} n_f \hat{k}_f - \hat{L}_e\right] \quad (3-23)$$

其中：$\Lambda = \Theta_h(1-t_h)\frac{L_h}{K_h} + \Theta_f(1-t_f)\frac{L_f}{K_f}$，$\Theta_i = \lambda_i Y_i P_i / r_i L_e$

接下来，本节要考察生产要素国际流动对一国属权出口增加值的创造效应，这里的创造效应包括两个方面：第一个方面是生产要素国际流动在什么条件下可以促进一国属权出口增加值的增长；第二个方面是生产要素国际流动在什么条件下可以带动本国要素的就业和提升本国要素的价格。

（一）生产要素国际流动创造效应——本国要素的价格效应

首先，我们假定两大部门的产品价格不变，且劳动力市场为充分就业的情况下，

式(3-23)可以写为：$\hat{w} = \frac{1}{\Lambda}(\Psi_{l_h} n_h \hat{k}_h + \Psi_{l_f} n_f \hat{k}_f)$ （3-24）

由式(3-24)，我们可得命题1：

命题1 在劳动力充分就业且产品价格不变的情况下，本国工人工资水平随生产要素国际流动($\hat{k}_f$)的上升而上升，其影响大小取决于国际要素部门雇用的劳动力占总人口的比重(Ψ_{l_f})和外国流入要素的种类(n_f)。

将式(3-23)代入式(3-16)，在产品价格不变的情况下可得：

$$n_i \hat{r}_i = -\frac{\Phi_{l_i}}{\Lambda \Phi_{k_i}}(\Psi_{l_h} n_h \hat{k}_h + \Psi_{l_f} n_f \hat{k}_f) \quad (3-25)$$

由式(3-25)可得命题2：

命题 2 在劳动力充分就业且产品价格不变的情况下，本国要素部门的本国资本收益随着外国流入资本($\hat{k}_f$)的增加而下降，其影响大小取决于国际要素部门雇用的劳动力占总人口的比重(Ψ_{l_i})和外国流入要素的种类(n_f)，还取决于本国要素部门的劳动资本收入比$\left(\dfrac{\Phi_{l_h}}{\Phi_{k_h}}\right)$。

在产品价格不变的情况下，式(3-16)可以写为：

$$n_i \hat{r}_i = \frac{\Phi_{l_i}}{\Phi_{k_i}} \hat{w} \tag{3-26}$$

将式(3-26)代入式(3-20)可得：

$$\hat{\tau}_{k_i} = \Delta(n_i \Phi_{k_i} - \Phi_{l_i})\hat{w}, \quad 其中：\Delta = \frac{wc^i_{wr_i}(w, n_i r_i)}{\tau_{k_i} n_i \Phi_{k_i}} \tag{3-27}$$

将式(3-27)和式(3-24)代入式(3-18)可得：

$$\hat{Y}_i = n_i \hat{k}_i - \frac{\Delta}{\Lambda}(n_i \Phi_{k_i} - \Phi_{l_i})(\Psi_{l_h} n_h \hat{k}_h + \Psi_{l_f} n_f \hat{k}_f)$$

对式(3-12)求全微分可得：

$$dY^d_i = \frac{\eta^\sigma_i P^{1-\sigma}_i L_e}{\eta^\sigma_h P^{1-\sigma}_h + \eta^\sigma_f P^{1-\sigma}_f} d(w/p_i)$$

$$+ \frac{\eta^\sigma_i P^{1-\sigma}_i k_h}{\eta^\sigma_h P^{1-\sigma}_h + \eta^\sigma_f P^{1-\sigma}_f} d(n_h r_h/p_i)$$

$$+ \frac{\eta^\sigma_i w}{P^\sigma_i(\eta^\sigma_h P^{1-\sigma}_h + \eta^\sigma_f P^{1-\sigma}_f)} dL_e \tag{3-28}$$

在产品价格不变的情况下，上式可以写为：

$$dY^d_i = \frac{\eta^\sigma_i [L_e dw + k_h d(n_h r_h)]}{P^\sigma_i(\eta^\sigma_h P^{1-\sigma}_h + \eta^\sigma_f P^{1-\sigma}_f)} \tag{3-29}$$

将式(3-24)和式(3-25)代入式(3-29)可得：

$$dY_i^d = \frac{\eta_i^\sigma \left[wL_e - \frac{\Phi_{l_i}}{\Phi_{k_i}} k_h r_h \right]}{\Lambda P_i^\sigma (\eta_h^\sigma P_h^{1-\sigma} + \eta_f^\sigma P_f^{1-\sigma})} \left(\frac{\Psi_{l_h} n_h}{k_h} dk_h + \frac{\Psi_{l_f} n_f}{k_f} dk_f\right) \quad (3-30)$$

当一国居民对产品需求大于该国的产品供给时,该国会增加进口;相反,当一国的产品供给大于该国居民对产品需求时,该国会增加出口。所以,根据式(3-29)和式(3-30),我们可得命题3:

命题 3 外国要素的流入(dk_f)增加国际要素部门出口增加值的条件取决于国际要素部门的工资租金比$\left[\frac{\Phi_{l_f}}{\Phi_{k_f}}\right]$,当$n_i < \frac{\Phi_{l_f}}{\Phi_{k_f}} < \frac{wL_e}{k_h r_h}$时,国际要素部门的出口增加值随着外国要素的流入而上升。

(二)生产要素国际流动创造效应——本国要素的数量效应

在本节,我们假设本国的劳动力市场未充分就业,存在失业资源。在这种情况下,生产要素国际流动对本国要素市场的影响更多地体现为数量效应,即带动本国要素的就业。让本国要素有机会参与到生产活动中,本国要素与外国要素在国际要素生产部门一起对产品进行合作生产。

在劳动力存在失业的情况下,式(3-23)可以写为:

$$\hat{L}_e = \Psi_{l_h} n_h \hat{k}_h + \Psi_{l_f} n_f \hat{k}_f \quad (3-31)$$

由式(3-31)可得命题4:

命题 4:在本国劳动力存在失业且产品价格不变的情况下,本国的劳动力就业随着外国资本要素($\hat{k}_f$)的流入而增加,其作用大小取决于国际要素部门雇用的工人占总就业人口的比重(Ψ_{l_f})和国际要素部门所拥有的资本要素种类(n_f)。

在存在劳动力市场未充分就业的情况下,式(3-18)、式(3-28)分别可以写为:

$$\hat{Y}_i^s = n_i \hat{k}_i \quad (3-32)$$

$$dY_i^d = \frac{\eta_i^\sigma w}{P_i^\sigma (\eta_h^\sigma P_h^{1-\sigma} + \eta_f^\sigma P_f^{1-\sigma})} dL_e \quad (3-33)$$

将式(3-31)代入式(3-33)后可得：

$$dY_i^d = \frac{n_i \eta_i^\sigma w L_i}{P_i^\sigma (\eta_h^\sigma P_h^{1-\sigma} + \eta_f^\sigma P_f^{1-\sigma}) k_i} dk_i \qquad (3-34)$$

将式(3-32)与式(3-34)相减可得：

$$dEX_i = dY_i^s - dY_i^d = \left[\frac{n_i P_i^\sigma (\eta_h^\sigma P_h^{1-\sigma} + \eta_f^\sigma P_f^{1-\sigma}) Y_i^s - n_i \eta_i^\sigma w L_i}{P_i^\sigma (\eta_h^\sigma P_h^{1-\sigma} + \eta_f^\sigma P_f^{1-\sigma}) k_i} \right] dk_i$$

根据上式我们可得命题5：

命题5 在劳动力市场存在失业资源且产品价格不变的情况下，外国资本要素(dk_f)流入对于国际要素部门的出口增加值的影响为：当 $Y_i^s > \dfrac{\eta_i^\sigma w}{P_i^\sigma (\eta_h^\sigma P_h^{1-\sigma} + \eta_f^\sigma P_f^{1-\sigma})} L_i$ 时，国际要素部门的出口增加值随着外国资本要素(dk_f)流入增加而增加，反之亦然。

二、生产要素国际流动对属权增加值产生创造效应的实证检验

在本节，我们将对上文中所提出的命题进行实证检验。根据前文的命题论证，我们先检验生产要素国际对属权增加值的创造效应，得到以下实证方程：

$$NVA_{j,t} = \beta_1 Machine_{j,t} + \beta_2 TFP_{j,t} + \{Controlled\ Variables\} + \{Fixed\ Effect\} + \pi_{j,t}$$

其中，$NVA_{j,t}$ 为本国出口的属权增加值（绝对值）；$Machine_{j,t}$ 为外资企业机器进口的设备金额，$TFP_{j,t}$ 为外资企业的全要素生产率，本节基准回归中的 TFP 根据 Olley and Pakes(1996) 提供的方法计算而得；$Controlled\ Variables$ 为控制变量，包括了企业的资本劳动比、就业规模和增加值规模。$Fixed\ Effect$ 为方程的固定效应，本节控制了时间、行业和省份的固定效应，为避免变量的自相关，本节还控制了省份和行业双向聚类效应；$\pi_{j,t}$ 为随机

扰动项。在回归过程中，以上变量都经过对数处理。

如何来界定和衡量生产要素国际流动是本书的难点，生产要素国际流动的载体是跨国公司，国际流动的生产要素归跨国公司所有。就要素的物理形态而言，生产要素可分为有形生产要素和无形生产要素。有形的生产要素包括机器设备、简单劳动力和土地等；无形的生产要素包含了技术、knowhow、品牌等。在有形生产要素中，机器设备一般被认为易于国际流动，简单劳动力和土地被认为是不易进行国际流动，不易进行流动的生产要素往往由东道国提供；在无形生产要素中，技术、knowhow、品牌等生产要素一般认为易于进行国际流动，这些要素归跨国公司所有。

基于以上分析，本节试图通过两个方面来刻画生产要素的国际流动：

（一）机器设备有形要素的国际流动，中国海关产品数据库中记录的外资企业机器设备进口为本书验证该机制提供了途径。

（二）技术等无形要素的国际流动，我们试图用外资企业的 TFP 来衡量技术等无形要素的国际流动，TFP 度量了资本和劳动力之外的其他要素对产品增加值的贡献，这些"其他要素"通常被认为是包括了技术等无形要素，无形要素的载体是企业，所以 TFP 的高低是无形要素多少的镜像。所以，我们试图将在中国境内外资企业的 TFP 作为由外资企业带入中国的技术等无形要素多寡的衡量。

本章所选取的数据来源于两个数据库：一个是工业企业数据库；另一个为海关产品数据库。工业企业数据库来自国家统计局 2000—2006 年的规模以上工业企业调查，此次调查的范围为年总产值 500 万元以上的企业，数据指标涉及了企业利润表、资产负债表和现金流量表中的相关指标。但工业企业数据库并不包括我们所关心的企业出口方式和外商投资企业作为投资所进口的机器设备等相关贸易指标，所以我们需要从海关产品数据库中获取相关的贸易消息。海关产品数据库记录了企业的每一条详细的海关出口记录，我们的工作是将两个数据库匹配起来，进而对企业层面的出口增加值进行核算。本章最终形成的数据类型为非平衡面板，时间跨度为 2000—2006 年，样本值为 26 715。

表 3-1 有形要素国际流动对属权增加值的影响

变 量	(1)	(2)	(3)
有形要素国际流动	0.007 92*** (0.002 13)	0.007 26*** (0.001 88)	0.008 04*** (0.001 85)
增加值规模	0.293*** (0.024 4)	0.299*** (0.022 2)	0.303*** (0.020 7)
就业规模	0.717*** (0.023 2)	0.703*** (0.024 4)	0.696*** (0.022 4)
资本劳动比	−0.036 5** (0.017 7)	−0.003 68 (0.017 3)	−0.004 41 (0.014 8)
常数项	0.952*** (0.147)	0.816*** (0.118)	0.048 9 (0.392)
省份固定效应	否	否	是
行业固定效应	否	是	是
年度固定效应	是	是	是
样本量	26 715	26 715	26 715
拟合度	0.534	0.539	0.544

上标＊＊＊、＊＊和＊分别表示1%、5%和10%的置信水平,括号内为双向聚类稳健标准差。

表 3-1 中的(1)—(3)列分别为考虑不同固定效应下,有形要素国际流动对属权增加值的影响。本节发现,在控制了省份、行业、年份固定效应下,有形要素国际流动对属权增加值的弹性为0.139,这一结果在统计学上显著。其他控制变量也表现出显著有效,且符号方向与我们的预期一致。表 3-1 告诉我们,有形要素国际流动将有效地促进属权增加值的出口,具有明显的创造效应。

表 3-2 无形要素国际流动对属权增加值的影响

变 量	(1)	(2)	(3)
无形要素国际流动	0.139*** (0.031 4)	0.122*** (0.028 6)	0.157*** (0.028 9)
增加值规模	0.294*** (0.024 5)	0.299*** (0.022 3)	0.304*** (0.020 7)

续表

变　量	(1)	(2)	(3)
就业规模	0.722*** (0.022 8)	0.708*** (0.024 1)	0.702*** (0.022 0)
资本劳动比	−0.027 9 (0.017 4)	0.000 504 (0.017 5)	0.000 921 (0.015 0)
常数项	0.860*** (0.145)	0.772*** (0.118)	−0.000 876 (0.381)
省份固定效应	否	否	是
行业固定效应	否	是	是
年度固定效应	是	是	是
样本量	26 715	26 715	26 715
拟合度	0.534	0.539	0.544

上标＊＊＊、＊＊和＊分别表示1％、5％和10％的置信水平，括号内为双向聚类稳健标准差。

表3-2中的(1)—(3)列分别为考虑不同固定效应下，无形要素国际流动对属权增加值的影响。本节发现，在控制了省份、行业、年份固定效应下，无形要素国际流动对属权增加值的弹性为0.157，这一结果在统计学上显著。其他控制变量也表现出显著有效，且符号方向与我们的预期一致。表3-2告诉我们，无形要素国际流动将有效地促进属权增加值的出口，具有明显的创造效应。

表3-3　有形要素和无形要素国际流动对属权增加值的影响

变　量	(1)	(2)	(3)
无形要素国际流动	0.138*** (0.031 3)	0.120*** (0.028 4)	0.155*** (0.028 7)
有形要素国际流动	0.007 77*** (0.002 12)	0.007 00*** (0.001 85)	0.007 84*** (0.001 82)
增加值规模	0.293*** (0.024 4)	0.299*** (0.022 2)	0.304*** (0.020 6)

续表

变　　量	(1)	(2)	(3)
就业规模	0.716*** (0.023 1)	0.703*** (0.024 3)	0.695*** (0.022 1)
资本劳动比	−0.033 0* (0.017 6)	−0.003 99 (0.017 5)	−0.004 01 (0.015 0)
常数项	0.923*** (0.143)	0.823*** (0.119)	0.054 3 (0.380)
省份固定效应	否	否	是
行业固定效应	否	是	是
年度固定效应	是	是	是
样本量	26 715	26 715	26 715
拟合度	0.534	0.539	0.545

上标＊＊＊、＊＊和＊分别表示1％、5％和10％的置信水平，括号内为双向聚类稳健标准差。

表3-3中的(1)—(3)列分别为考虑不同固定效应下，同时考虑有形要素和无形要素国际流动对属权增加值的影响。本节发现，在控制了省份、行业、年份固定效应下，有形要素国际流动对属权增加值的弹性为0.008；无形要素国际流动对属权增加值的弹性为0.155，这一结果在统计学上显著。其他控制变量也表现出显著有效，且符号方向与我们的预期一致。表3-3告诉我们，有形要素国际流动和无形要素国际流动将有效地促进属权增加值的出口，具有明显的创造效应。

我们进一步对生产要素国际对本国要素所形成的增加值进行实证检验，根据之前的命题，我们可得以下实证方程：

$$Labor\ Income_{j,t} = \beta_1 Machine_{j,t} + \beta_2 TFP_{j,t}$$
$$+ \{Controlled\ Variables\}$$
$$+ \{Fixed\ Effect\} + \pi_{j,t}$$

其中：

$Labor\ Income_{j,t}$是劳动报酬，本国劳动力要素的收入，$Machine_{j,t}$为外资企业机器进口的设备金额，$TFP_{j,t}$为外资企业的全要素生产率，本节基准回归中的 TFP 根据 Olley and Pakes（1996）提供的方法计算而得；*Controlled Variables* 为控制变量，包括了企业的资本劳动比、就业规模和增加值规模。*Fixed Effect* 为方程的固定效应，本节控制了时间、行业和省份的固定效应，为避免变量的自相关，本节还控制了省份和行业双向聚类效应；$\pi_{j,t}$ 为随机扰动项。在回归过程中，以上变量都经过对数处理。

表 3-4　有形要素国际流动对劳动报酬的影响

变量	(1)	(2)	(3)
有形要素国际流动	0.005 93*** (0.001 29)	0.005 57*** (0.001 26)	0.004 41*** (0.001 11)
增加值规模	0.228*** (0.014 4)	0.227*** (0.013 8)	0.229*** (0.012 7)
就业规模	0.789*** (0.014 3)	0.793*** (0.014 0)	0.794*** (0.012 4)
资本劳动比	0.097 5*** (0.012 9)	0.097 4*** (0.011 4)	0.082 8*** (0.009 15)
常数项	0.691*** (0.073 2)	0.676*** (0.062 9)	0.394*** (0.144)
省份固定效应	否	否	是
行业固定效应	否	是	是
年度固定效应	是	是	是
样本量	26 715	26 715	26 715
拟合度	0.818	0.822	0.828

上标＊＊＊、＊＊和＊分别表示1%、5%和10%的置信水平，括号内为双向聚类稳健标准差。

表 3-4 中的(1)—(3)列分别为考虑不同固定效应下，有形要素国际流动对劳动报酬的影响。本节发现，在控制了省份、行业、年份固定效应下，有形要素国际流动对属权增加值的弹性为 0.004，这一结果在统计学上显著。其他控制变量也表现出显著有效，且符号方向与我们的预期一致。表 3-4 告诉我们，有形要素国际流动将有效地带动当地就业，促进出口产品中劳动报酬的增加，具有明显的创造效应。

表 3-5 无形要素国际流动对劳动报酬的影响

变 量	(1)	(2)	(3)
无形要素国际流动	0.109*** (0.025 4)	0.102*** (0.020 9)	0.095 6*** (0.016 8)
增加值规模	0.229*** (0.014 5)	0.227*** (0.014 1)	0.229*** (0.012 9)
就业规模	0.794*** (0.014 7)	0.797*** (0.014 4)	0.797*** (0.012 8)
资本劳动比	0.104*** (0.013 5)	0.101*** (0.012 1)	0.085 7*** (0.009 72)
常数项	0.621*** (0.065 5)	0.643*** (0.061 6)	0.367** (0.144)
省份固定效应	否	否	是
行业固定效应	否	是	是
年度固定效应	是	是	是
样本量	26 715	26 715	26 715
拟合度	0.819	0.823	0.828

上标＊＊＊、＊＊和＊分别表示1%、5%和10%的置信水平，括号内为双向聚类稳健标准差。

表3-5中的(1)—(3)列分别为考虑不同固定效应下，无形要素国际流动对劳动报酬的影响。本节发现，在控制了省份、行业、年份固定效应下，无形要素国际流动对属权增加值的弹性为0.096，这一结果在统计学上显著。其他控制变量也表现出显著有效，且符号方向与我们的预期一致。表3-5告诉我们，无形要素国际流动将有效地带动当地就业，促进出口产品中劳动报酬的增加，具有明显的创造效应。

表3-6 有形要素和无形要素国际流动对劳动报酬的影响

变 量	(1)	(2)	(3)
无形要素国际流动	0.108*** (0.025 2)	0.100*** (0.020 7)	0.094 6*** (0.016 8)

续表

变量	(1)	(2)	(3)
有形要素国际流动	0.005 81*** (0.001 25)	0.005 35*** (0.001 22)	0.004 28*** (0.001 09)
增加值规模	0.228*** (0.014 4)	0.227*** (0.013 9)	0.229*** (0.012 7)
就业规模	0.789*** (0.014 3)	0.793*** (0.014 1)	0.794*** (0.012 4)
资本劳动比	0.100*** (0.013 1)	0.097 1*** (0.011 6)	0.083 0*** (0.009 31)
常数项	0.668*** (0.067 9)	0.682*** (0.063 0)	0.397*** (0.145)
省份固定效应	否	否	是
行业固定效应	否	是	是
年度固定效应	是	是	是
样本量	26 715	26 715	26 715
拟合度	0.819	0.823	0.829

上标＊＊＊、＊＊和＊分别表示1%、5%和10%的置信水平，括号内为双向聚类稳健标准差。

表3-6中的(1)—(3)列分别为考虑不同固定效应下，同时考虑有形要素和无形要素国际流动对劳动报酬的影响。本节发现，在控制了省份、行业、年份固定效应下，有形要素国际流动对属权增加值的弹性为0.004，无形要素国际流动对属权增加值的弹性为0.095，这一结果在统计学上显著。其他控制变量也表现出显著有效，且符号方向与我们的预期一致。表3-6告诉我们，有形要素和无形要素国际流动将有效地带动当地就业，促进出口产品中劳动报酬的增加，具有明显的创造效应。

第三节　生产要素国际流动对属权增加值贸易产生的分配效应

正如前文的阐述，属地出口增加值测算的是一国国境内的出口增加值，一国国境内的出口增加值包括了本国要素所创造的出口增加值,还包括了外国生产要素所创造的出口增加值。然而,属权出口增加值则强调本国要素所创造的出口增加值。对于生产要素流入国而言,属地出口增加值和属权出口增加值存在严重的背离,这种背离的另一面就是生产要素国际流动所产生的分配效应。

以跨国公司为载体的生产要素国际流动极大地推动了中国的对外贸易发展。1998—2013年,外商投资企业进出口总额占中国进出口总额的平均比重为53.08%;外商投资企业进出口差额占中国进出口差额的平均比重为45.87%。加工贸易是跨国公司的主要贸易方式,2017年,加工贸易出口量占外资企业出口量的比重为64.66%。外资企业将全球优势生产要素聚集到中国,与中国生产要素合作对某一产品进行专业化生产。所以,外资企业出口产品中既包括了本国要素所创造的增加值,也包含了大量他国要素所创造的增加值。随着要素流入的增加,他国要素所创造的增加值比重不断上升,于是,本节研究增加值贸易的分配效应就变得格外重要。

本节力图通过测算属地增加值和属权增加值之间的背离来说明生产要素国际流动对属权增加值贸易所产生的分配效应。分析这个背离也可以进一步强调现有属地增加值统计对于研究本国要素收益的不足。

一、增加值分配效应的测算

本节为了更好地反映这一背离,本书试图构建 t 统计量对于统计意义上的显著性进行识别: $t = \dfrac{\overline{VA_{i,t}} - \overline{NVA_{i,t}}}{\sqrt{\dfrac{\sigma^2_{VA_{i,t}} + \sigma^2_{NVA_{i,t}} - 2\gamma \sigma_{NVA_{i,t}} \sigma_{VA_{i,t}}}{n-1}}}$,其中 $\overline{VA_{i,t}}$ 和 $\overline{NVA_{i,t}}$ 分别为属地增加值和属权增加值的平均值,$\sigma^2_{VA_{i,t}}$ 和 $\sigma^2_{NVA_{i,t}}$ 分别是属地增加值和属权增加值的方差,γ 为属地增加值和属权增加值的样本方差。为了更好地进行年份间、行业间和省份间的比较,本节参照以往文献的通用做法,将对增加值进行标准化处理,即报告增加值占出口的比重。

(一) 基于微观数据的测算

本节根据第二章给出的微观测算方法,按年份测算了中国加工贸易的属权增加值和属地增加值(见表3-7),2000—2006年,中国加工贸易的平均属地增加值占出口的比重为25.59%;属权增加值占出口的平均比重为16.35%,两者之间的平均背离程度为-36.11%。从本书构建的t统计量上分析,2000—2006年,每一年属权增加值和属地增加值的背离均处于1%的置信水平。背离绝对值和相对值的统计告诉我们属地增加值高估了本国要素的收益,已经不能完全准确地来反映中国要素在出口增加值中的获益。

表3-7 按年份测算的属权增加值及其与属地增加值的背离程度

年份	属地增加值	属权增加值	背离的绝对值	背离的相对值	t统计量	样本量
2000	0.235	0.168	0.067	-28.51%	(26.181)***	3 760
2001	0.252	0.150	0.102	-40.48%	(43.251)***	4 217
2002	0.272	0.160	0.112	-41.18%	(46.872)***	4 119
2003	0.247	0.155	0.092	-37.25%	(42.397)***	4 495
2004	0.265	0.162	0.103	-38.86%	(43.750)***	6 302
2005	0.256	0.167	0.086	-34.77%	(48.520)***	6 061
2006	0.257	0.177	0.08	-31.13%	(44.314)***	5 752
2000—2006	0.255 9	0.163 5	0.092 4	-36.11%	(110.55)***	34 705

注:背离的绝对值是指属地增加值与属权增加值之差;背离的相对值是指属权增加值相较属地增加值变动的百分比,为"两值"之差除以属地增加值;t统计量一栏中,括号内为t值,上标***表示1%的置信水平。

本节进一步来测算行业层面的属地增加值与属权增加值的背离程度(见表3-8)。2000—2006年,平均背离最高的行业是化学原料及化学制品制造业,其次是造纸及纸制品业,再次是黑色金属冶炼及压延加工业,平均背离程度分别为-59.55%、-56.22%和-54.46%;平均背离最低的行业是纺织服装,其次是鞋、帽制造业、皮革、毛皮、羽毛(绒)及其制品业,再次是工艺品及其他制造业,平均背离程度分别为-31.94%、-37.64%和

表 3-8 按行业测算的属地增加值与属权增加值的背离程度

行业	2000年	2001年	2002年	2003年	2004年	2005年	2006年
电气机械及器材制造业	(−45.18%)***	(−53.91%)***	(−54.49%)***	(−53.05%)***	(−55.69%)***	(−50.39%)***	(−42.71%)***
纺织服装、鞋、帽制造业	(−32.48%)***	(−39.73%)***	(−33.18%)***	(−31.61%)***	(−33.66%)***	(−26.80%)***	(−26.13%)***
纺织业	(−37.57%)***	(−48.67%)***	(−50.99%)***	(−50.75%)***	(−43.82%)***	(−40.67%)***	(−44.30%)***
非金属矿物制品业	(−28.41%)***	(−45.69%)***	(−48.99%)***	(−40.90%)***	(−55.83%)***	(−51.84%)***	(−47.66%)***
工艺品及其他制造业	(−40.51%)***	(−44.52%)**	(−42.96%)***	(−40.36%)***	(−36.65%)***	(−36.46%)***	(−32.00%)***
黑色金属冶炼及压延加工业	(−22.13%)***	(−48.77%)***	(−63.92%)***	(−64.12%)***	(−56.26%)***	(−74.96%)***	(−51.06%)***
化学纤维制造业	(−30.97%)***	(−60.24%)***	(−63.53%)***	(−47.42%)***	(−55.04%)***	(−51.01%)***	(−40.69%)***
化学原料及化学制品制造业	(−49.62%)***	(−55.48%)***	(−61.40%)***	(−60.93%)***	(−69.06%)***	(−62.66%)***	(−57.69%)***
家具制造业	(−43.64%)***	(−57.50%)***	(−52.22%)***	(−51.35%)***	(−55.50%)***	(−48.16%)***	(−42.83%)***
交通运输设备制造业	(−47.98%)***	(−60.22%)***	(−61.97%)***	(−57.29%)***	(−50.21%)***	(−45.36%)***	(−50.49%)***

续表

行　业	2000年	2001年	2002年	2003年	2004年	2005年	2006年
金属制品业	(−43.40%)***	(−49.37%)***	(−50.14%)***	(−55.95%)***	(−46.29%)***	(−48.68%)***	(−43.20%)***
木材加工及木、竹、藤、棕、草制品业	(−14.34%)	(−50.06%)***	(−57.39%)***	(−59.62%)***	(−48.11%)***	(−60.15%)***	(−31.01%)***
农副食品加工业	(−49.63%)***	(−66.78%)***	(−31.78%)***	(−51.50%)***	(−43.50%)***	(−49.54%)***	(−40.34%)***
皮革、毛皮、羽毛(绒)及其制品业	(−33.50%)***	(−43.19%)***	(−42.60%)***	(−37.05%)***	(−40.81%)***	(−34.06%)***	(−32.28%)***
石油加工、炼焦及核燃料加工业	(−67.47%)	(−63.10%)	(−27.34%)**	(−54.38%)	(−22.16%)***	(−48.19%)***	(−45.50%)*
食品制造业	(−31.86%)***	(−58.58%)***	(−62.11%)***	(−49.23%)***	(−55.64%)***	(−45.80%)***	(−47.12%)***
塑料制品业	(−48.62%)***	(−56.11%)***	(−54.46%)***	(−53.05%)***	(−52.63%)***	(−48.93%)***	(−46.65%)***
通信设备计算机及其他电子设备制造业	(−47.24%)***	(−53.60%)***	(−55.88%)***	(−52.18%)***	(−52.04%)***	(−50.87%)***	(−48.09%)***
通用设备制造业	(−39.15%)***	(−57.06%)***	(−58.97%)***	(−51.62%)***	(−61.92%)***	(−51.24%)***	(−55.95%)***

续表

行业	2000 年	2001 年	2002 年	2003 年	2004 年	2005 年	2006 年
文教体育用品制造业	(−41.97%)***	(−45.83%)***	(−46.71%)***	(−40.26%)***	(−42.61%)***	(−39.01%)***	(−33.61%)***
橡胶制品业	(−54.05%)***	(−46.86%)***	(−51.42%)***	(−50.82%)***	(−47.88%)***	(−42.99%)***	(−37.99%)***
医药制造业	(−31.457%)***	(−48.282%)***	(−66.823%)***	(−53.012%)***	(−35.142%)**	(−50.840%)***	(−52.304%)***
仪器仪表及文化、办公用机械制造业	(−49.198%)***	(−50.536%)***	(−48.971%)***	(−42.336%)***	(−46.379%)***	(−45.077%)***	(−39.945%)***
饮料制造业	(−24.910%)***	(−57.879%)***	(−64.802%)***	(−58.301%)***	(−51.211%)***	(−48.213%)***	(−29.126%)**
印刷业和记录媒介的复制	(−43.471%)***	(−50.190%)***	(−48.888%)***	(−48.586%)***	(−46.150%)***	(−44.207%)***	(−38.448%)***
有色金属冶炼及压延加工业	(−41.041%)***	(−44.782%)***	(−54.075%)***	(−49.074%)***	(−48.069%)***	(−58.118%)***	(−53.302%)***
造纸及纸制品业	(−47.442%)***	(−56.840%)***	(−59.984%)***	(−60.723%)***	(−63.372%)***	(−58.550%)***	(−46.632%)***
专用设备制造业	(−39.383%)***	(−54.484%)***	(−51.686%)***	(−53.173%)***	(−50.030%)***	(−47.468%)***	(−39.010%)***

注：括号内为属权增加值相较属地增加值变动的百分比，上标 ***、** 和 * 分别表示 t 统计量在 1%、5% 和 10% 的置信水平。

−39.07%。本节发现背离程度高的行业多为资本密集型行业,而背离程度低的行业则多为劳动密集型行业,这与本节提出分配效应的作用机制有关。外资企业在中国设立资本密集型企业需要进口大量的机器设备,在要素收益分配的过程中,大量进口的机器设备折旧需要得到补偿,而这部分机器设备归外资企业所有,不属于本国要素的收益。于是进口设备越多也就意味着属地增加值和属权增加值的背离程度越大。资本密集型行业中资本劳动比高于其他行业,而进口资本的收益归国外所有者,所以,本书看到属地增加值和属权增加值的背离程度在资本密集型行业会高于劳动密集型行业。这一统计结果也支持了本章理论部分提出的作用机制。

Kee and Tang(2016)指出,运用企业层面计算出口增加值时,企业的异质性是需要注意的问题。基于企业异质性的重要性,本节按企业的出口规模,就业规模和增加值规模等3个方面来考察了企业异质性对属地增加值和属权增加值背离的影响。

首先,本节将企业的出口规模按序排列进行四等分,分别计算处于不同出口规模分位点区间内属权增加值与属地增加值的背离程度(见表3-9)。从表3-9中,本节可以清楚地看到,随着分位点区间的上升,属地增加值与属权增加值的背离程度不断变大。企业出口的属地增加值与属权增加值背离程度与企业的出口规模成正比。出口规模越大的企业,其属地增加值与属权增加值的背离程度越高。参与全球价值链分工的企业往往是大企业,这一统计结果告诉我们,当企业出口规模越大时,我们更需要关注企业出口的属权增加值。此时,属权增加值更具有政策含义。

表3-9 按出口规模分类的属权增加值与属地增加值的背离程度

年份	0—25th	25th—50th	50th—75th	75th—100th
2000	(−2.43%)***	(−5.27%)***	(−9.16%)***	(−11.37%)***
2001	(−6.68%)***	(−8.49%)***	(−11.38%)***	(−15.46%)***
2002	(−7.25%)***	(−9.15%)***	(−12.62%)***	(−16.28%)***
2003	(−5.86%)***	(−7.87%)***	(−9.19%)***	(−13.30%)***

续表

年份	0—25th	25th—50th	50th—75th	75th—100th
2004	(−8.25%)***	(−9.34%)***	(−11.02%)***	(−13.04%)***
2005	(−6.53%)***	(−7.42%)***	(−9.43%)***	(−11.93%)***
2006	(−4.74%)***	(−6.02%)***	(−8.55%)***	(−11.21%)***

注：括号内为属权增加值相较属地增加值变动的百分比，上标＊＊＊、＊＊和＊分别表示 t 统计量在1％、5％和10％的置信水平。25th 为四分位排列中的第一个分位点；50th 为四分位排列中的第二个分位点；75th 为四分位排列中的第三个分位点；100th 为四分位排列中的最好一个分位点。

其次，本节将出口企业雇用劳动力的规模按序排列进行四等分，分别计算处于不同雇用劳动规模分位点区间内属权增加值与属地增加值的背离程度（见表3-10）。本节发现，随着分位点区间的上升，属地增加值与属权增加值的背离程度不断变小。企业出口的属地增加值与属权增加值背离程度与企业雇用的劳动力规模成反比。由于劳动力的收益属于本国，于是出口企业雇用劳动力越多那么属地增加值与属权增加值的背离程度越小。这一统计结果告诉我们，在生产要素国际流动不可逆的大背景下，发展劳动密集型的出口行业可以更好地实现本国要素收益。

表3-10 按就业规模分类的属权增加值与属地增加值的背离程度

年份	0—25th	25th—50th	50th—75th	75th—100th
2000	(−8.73%)***	(−6.54%)***	(−6.11%)***	(−5.43%)***
2001	(−12.64%)***	(−10.46%)***	(−8.87%)***	(−8.55%)***
2002	(−13.07%)***	(−11.53%)***	(−9.62%)***	(−10.46%)***
2003	(−12.28%)***	(−9.96%)***	(−7.39%)***	(−7.36%)***
2004	(−13.40%)***	(−10.08%)***	(−8.11%)***	(−8.93%)***
2005	(−11.54%)***	(−9.15%)***	(−7.48%)***	(−7.63%)***
2006	(−10.82%)***	(−7.58%)***	(−6.51%)***	(−7.51%)***

注：括号内为属权增加值相较属地增加值变动的百分比，上标＊＊＊、＊＊和＊分别表示 t 统计量在1％、5％和10％的置信水平。25th 为四分位排列中的第一个分位点；50th 为四分位排列中的第二个分位点；75th 为四分位排列中的第三个分位点；100th 为四分位排列中的最好一个分位点。

再次，本节将出口企业实现的增加值规模按序排列进行四等分，分别计算处于不同增加值规模分位点区间内属权增加值与属地增加值的背离程度(见表3-11)。本节发现,随着分位点区间的上升,属地增加值与属权增加值的背离程度不断变大。企业出口的属地增加值与属权增加值背离程度与企业实现的增加值规模成正比。企业实现的增加值越多,属地增加值与属权增加值的背离程度也就越大。政府的政策目标往往是追求更多的增加值,实现更多的本国收益,而在实现这一目标的过程中,属地增加值的统计却不能准确地反映本国的要素收益。这一统计结果也进一步生产要素国际流动对属权出口增加值所产生的分配效应。

表3-11 按增加值规模分类的属权增加值与属地增加值的背离程度

年份	0—25th	25th—50th	50th—75th	75th—100th
2000	(−0.87%)*	(−7.20%)***	(−9.34%)***	(−10.96%)***
2001	(−5.49%)***	(−9.07%)***	(−12.31%)***	(−15.20%)***
2002	(−6.22%)***	(−9.44%)***	(−13.25%)***	(−16.37%)***
2003	(−4.45%)***	(−7.56%)***	(−10.57%)***	(−13.52%)***
2004	(−6.43%)***	(−10.40%)***	(−11.46%)***	(−13.67%)***
2005	(−5.18%)***	(−7.81%)***	(−9.62%)***	(−12.62%)***
2006	(−2.82%)***	(−6.65%)***	(−9.10%)***	(−11.45%)***

注:括号内为属权增加值相较属地增加值变动的百分比,上标***、**和*分别表示t统计量在1%、5%和10%的置信水平。25th为四分位排列中的第一个分位点;50th为四分位排列中的第二个分位点;75th为四分位排列中的第三个分位点;100th为四分位排列中的最好一个分位点。

(二) 基于投入产出表的计算

本节基于第二章给出的方法,核算了基于非竞争性投入产出表的结果。为了更好地进行核算和比较,本书将对内资加工出口企业、外资加工出口企业、内资非加工出口企业和外资非加工出口企业分别进行核算。这四类企业的所有制形式和贸易方式都存在着显著的差异,根据海关的数据计算,加工贸易企业出口占比从2007年的51.6%下降至2012年的47.4%,其中内资企业加工出口占比稳定在8%左右,外资企业加工出口占比从2007年的43.6%下降至2012年的39.3%,下降了3.7个百分点。加工出口占比下降主要体现在外资企业加工出口。非加工贸易企业出口从2007年的48.4%上升至52.6%,其中,内资企业加工出口占比从2007年的35.3%上升至2012年的39.0%,上升了3.7个百分点,外资企业加工出口占比较为稳定。非加工出口占比上升主要体现在内资企业加工出口。显然,在出口表现上,内资企业竞争力不断加强,占比从2007年的43.3%上升至2012年的47.1%。

根据上文给出的方法,本书对直接属地和属权增加值占比计算如下(表3-12):2007年外资加工出口企业直接属地增加值占比为16.46%,外资加工出口企业直接属权增加值占比为8.27%,两者背离的绝对差值为-8.19%,两者背离的相对差值为-49.77%;2007年外资非加工出口企业直接属地增加值占比为20.11%,外资非加工出口企业直接属权增加值占比为9.74%,两者背离的绝对差值为-10.37%,两者背离的相对差值为-51.55%。

表3-12 基于投入产出表测算的不同所有制不同贸易方式企业直接属地与属权增加值

	属权增加值与属地增加值背离的绝对值(%)		属权增加值与属地增加值背离的相对值(%)	
	2007年	2012年	2007年	2012年
内资加工出口企业	-0.27	-0.19	-1.37	-1.28
外资加工出口企业	-8.19	-5.77	-49.77	-40.98
内资非加工出口企业	-0.17	-0.17	-0.80	-0.79
外资非加工出口企业	-10.37	-9.68	-51.55	-49.67
制造业总出口	-3.56	-2.77	-19.00	-15.80

2012年外资加工出口企业直接属地增加值占比为14.07%,外资加工出口企业直接属权增加值占比为8.3%,两者背离的绝对差值为-5.77%,两者背离的相对差值为-40.98%;2012年外资非加工出口企业直接属地增加值占比为19.49%,外资非加工出口企业直接属权增加值占比为9.81%,两者背离的绝对差值为-9.68%,两者背离的相对差值为-49.67%。

从时间维度比较看,2012年较2007年而言,由外资企业所带来的本国要素直接出口增加值拉动效应(直接属权增加值占比)保持稳定,外资企业的属权增加值与属地增加值背离有所下降。从不同所有制企业比较看,外资企业对本国要素出口增加值的拉动效应小于内资企业,内资企业的属权增加值与属地增加值的背离要小于外资企业。

考虑到上下游的产业联系,本书进一步测算了出口中隐含的间接增加值,进一步来分析以背离程度来衡量的外资企业出口增加值的要素属权结构。2007年和2012年,外资加工出口企业完全增加值的背离相对值分别为−25.85%和−30.13%,期间外资加工出口企业的完全属权增加值相对背离扩大了4.28%;2007年和2012年,外资非加工出口企业完全增加值的背离相对值分别为−15.74%和−25.32%,期间外资非加工出口企业的完全属权增加值相对背离扩大了9.58%。背离程度的扩大说明了本国要素收益占外资企业属地出口增加值的比重在下降,外资企业属地出口增加值对本国要素收益的指向性在减弱。

表3-13 基于投入产出表测算的不同所有制不同贸易方式企业完全属地与属权增加值率

	属权增加值与属地增加值背离的绝对值(%)		属权增加值与属地增加值背离的相对值(%)	
	2007年	2012年	2007年	2012年
内资加工出口企业	−1.52	−4.04	−4.28	−9.55
外资加工出口企业	−8.95	−11.55	−25.85	−30.13
内资非加工出口企业	−4.17	−8.62	−4.98	−10.40
外资非加工出口企业	−12.15	−20.03	−15.74	−25.32
制造业总出口	−7.09	−10.95	−12.30	−17.80

二、生产要素国际流动对属权增加值产生分配效应的实证检验

生产要素的国际流动是属地增加值与属权增加值背离的现实基础,也是属权出口增加值分配效应生产的作用机制。在这个部分,本节试图对这

一机制进行实证检验。

本节拟就有形要素(外资企业机器设备进口)和无形要素(外资企业的TFP)与属地增加值与属权增加值背离之间的关系进行实证检验。检验的目的是指出有形生产要素和无形生产要素对背离的相关性关系,进而为属权增加值的提出给出实证基础。实证方程如下:

$$VA_{j,t} - NVA_{j,t} = \beta_1 Machine_{j,t} + \beta_2 TFP_{j,t} \\ + \{Controlled\ Variables\} \\ + \{Fixed\ Effect\} + \pi_{j,t}$$

其中,$Machine_{j,t}$为外资企业机器进口的设备金额,$TFP_{j,t}$为外资企业的全要素生产率,本节基准回归中的 TFP 根据 Olley and Pakes(1996)提供的方法计算而得;$Controlled\ Variables$ 为控制变量,包括了企业的资本劳动比、出口规模、就业规模和增加值规模,本节提出的这些控制变量对应于上文提出企业的异质性特征。$Fixed\ Effect$ 为方程的固定效应,本节控制了时间、行业和省份的固定效应,为避免变量的自相关,本节还控制了省份和行业双向聚类效应;$\pi_{j,t}$为随机扰动项。在回归过程中,以上变量都经过对数处理。

表 3-14 中的(1)—(3)列分别为考虑在有形要素国际流动、无形要素国际流动以及同时考虑两种要素国际流动对属地增加值和属权增加值背离程度的影响。在同时考虑两种要素国际的情况下,本书发现有形要素国际流动对背离程度的弹性为 0.114,无形要素国际流动对背离程度的弹性为 5.752,这一结果在统计学上显著。资本劳动比、出口规模、就业规模和增加值规模的估计系数符号与预期一致,与第四部分的讨论分析相一致。表 3-14 的基准检验告诉我们,外资企业机器设备进口和外资企业 TFP 分别作为刻画有形要素国际流动和无形要素国际流动的变量,验证了属地增加值和属权增加值背离的作用机制,对属权增加值核算给出了实证基础。

稳健性检验是实证分析中不可缺少的一部分,本节试图从两个方面对基准结果进行稳健性检验。

表 3-14 生产要素国际流动对属权增加值和属地增加值背离机制的基准检验

变　量	(1)	(2)	(3)
有形要素国际流动	0.121*** (0.029 3)		0.114*** (0.027 4)
无形要素国际流动		5.775*** (0.854)	5.752*** (0.856)
出口规模	0.779*** (0.110)	0.759*** (0.111)	0.732*** (0.110)
增加值规模	1.356*** (0.215)	1.376*** (0.222)	1.400*** (0.220)
就业规模	−2.245*** (0.220)	−2.188*** (0.227)	−2.278*** (0.232)
资本劳动比	0.374** (0.161)	0.459*** (0.161)	0.385** (0.162)
常数项	0.645 (2.775)	0.035 7 (2.606)	0.822 (2.601)
省份固定效应	是	是	是
行业固定效应	是	是	是
年度固定效应	是	是	是
样本量	26 715	26 715	26 715
拟合度	0.060	0.075	0.076

上标＊＊＊、＊＊和＊分别表示1％、5％和10％的置信水平，括号内为双向聚类稳健标准差。

第一个方面：有形要素国际流动的稳健性。首先，变换指标，为了剔除汇率和价格因素的影响，本书将变量由原先的机器设备进口金额替换成机器设备进口数量，表3-15第(1)列为变量替换后的回归结果；其次，考虑重大事件的影响，机器设备的进口受关税调整的影响，为了避免2001年中国加入WTO这一重大事件对样本结构产生的冲击，本书将入世前和入世后列为两个样本，进行分别回归，表3-15第(2)、(3)列分别为入世前和入世后两个子样本的回归结果;最后,避免内生性的影响,本书在理论部分对作用机制进行了深入的讨论,在理论上澄清了内生性,在此基础上,本书进一步将机器设备进口的滞后一期作为工具变量进行回归检验,表3-15第(4)列为加入工具变量后的回归结果,从 F 值的大小,本书可以判断工具变量是有效的。在表3-15的(1)—(4)中,本书发现在不同情形下各变量的符合方向和显著性都与基准回归一致,这说明了机器设备进口对背离的机制检验是稳健可靠的。

表3-15 有形要素国际流动对"两值"背离机制的稳健性检验

变 量	(1) 变换指标 入世前	(2) 重大事件	(3) 入世后	(4) 工具变量
有形要素国际流动(金额)	0.326*** (0.086 5)			
无形要素国际流动	5.763*** (0.854)	5.807*** (0.837)	5.788*** (1.071)	5.293*** (0.389)
出口规模	0.736*** (0.111)	1.300*** (0.173)	0.427*** (0.137)	0.609*** (0.149)
增加值规模	1.381*** (0.221)	1.891*** (0.291)	0.938*** (0.263)	1.421*** (0.215)
就业规模	−2.247*** (0.230)	−2.887*** (0.282)	−1.703*** (0.266)	−2.011*** (0.200)
资本劳动比	0.405** (0.160)	−0.328 (0.211)	0.960*** (0.195)	0.512*** (0.163)
有形要素国际流动(数量)		0.115*** (0.042 0)	0.117*** (0.030 4)	0.099 1** (0.047 0)
常数项	0.792 (2.618)	−1.600 (2.908)	0.707 (4.370)	5.365 (4.385)
F 检验值				137.84
省份固定效应	是	是	是	是

续表

变量	(1) 变换指标	(2) 重大事件	(3)	(4) 工具变量
	入世前		入世后	
行业固定效应	是	是	是	是
年度固定效应	是	是	是	是
样本量	26 715	10 226	16 489	12 400
拟合度	0.076	0.099	0.077	0.092

上标＊＊＊、＊＊和＊分别表示1%、5%和10%的置信水平,括号内为双向聚类稳健标准差。

第二个方面:无形要素的稳健性检验。首先,变换指标,技术等无形生产要素除了体现在企业的TFP中,还会被记录在企业的实收资本中间。实收资本按照投资形式可划分为货币资金、实物、无形资产等3种,外资企业在投资中国时,往往将技术、knowhow和品牌等无形资产作为实收资本的一部分。所以我们试图用实收资本来间接的衡量无形资产的规模。其次,不同TFP的算法,除了OP方法以外,我们试图运用其他算法来保证TFP计算结果的稳健性。我们将对不同年份、不同四分位行业的企业分别回归进而计算得出每个企业的TFP(残差);我们还将报告根据Levinsohn and Petrin(2003)计算得出TFP结果;为了避免数据样本匹配过程中的遗漏等问题,我们最后还将报告近似TFP[①]计算得出的结果。再次,工具变量,本书将外资企业TFP的滞后一期作为工具变量进行回归检验。在表3-16的(1)—(5)中,本书发现在不同情形下各变量的符合方向和显著性都与基准回归一致,这说明了外资企业TFP对背离的机制检验是稳健可靠的。

分配效应的作用机制是以跨国公司为载体的生产要素国际流动。生产要素的国际流动使得本国生产要素与国外生产要素就产品的某一生产环节共同生产,实现了要素合作型的国际专业化。生产要素的国际流动为本国生产要素融入全球生产链提供了机会,为流入国嵌入全球价值链分工提供了可能。然而,生产要素国际流动又使得基于全球价值链分工形成的增加

---

① 近似TFP:将资本对增加值贡献设为1/3,劳动对增加值贡献设为2/3,进而计算生产函数的残差。

表 3-16 无形要素国际流动对"两值"背离机制的稳健性检验

变量	(1) 变换指标 OLS	(2) 不同 TFP 的计算结果 LP	(3) 不同 TFP 的计算结果	(4) 近似	(5) 工具变量
无形要素国际流动(实收资本)	0.289*** (0.033 3)				
无形要素国际流动(外资企业 TFP)		7.769*** (0.367)	0.725*** (0.069 2)	2.780*** (0.198)	4.397*** (0.567)
有形要素国际流动	0.096 9*** (0.027 8)	0.134*** (0.030 1)	0.092 9*** (0.028 1)	0.074 6*** (0.027 5)	0.090 4*** (0.026 3)
出口规模	0.684*** (0.107)	0.853*** (0.105)	0.655*** (0.107)	0.616*** (0.105)	0.704*** (0.145)
增加值规模	1.350*** (0.217)	−0.839** (0.329)	1.109*** (0.222)	0.497** (0.251)	1.166*** (0.212)
就业规模	−2.243*** (0.223)	−0.525* (0.291)	−2.036*** (0.221)	−1.294*** (0.251)	−1.841*** (0.193)
资本劳动比	0.221 (0.159)	0.922*** (0.165)	0.343** (0.153)	0.457*** (0.150)	0.640*** (0.157)
常数项	1.477 (2.670)	10.97*** (2.765)	2.081 (2.584)	3.802 (2.530)	6.138 (4.288)
F 检验值					329.95
省份固定效应	是	是	是	是	是
行业固定效应	是	是	是	是	是
年度固定效应	是	是	是	是	是
样本量	26 715	26 715	26 715	26 715	12 400
拟合度	0.067	0.121	0.076	0.101	0.128

上标＊＊＊、＊＊和＊分别表示1％、5％和10％的置信水平,括号内为双向聚类稳健标准差

值贸易,出现了属权结构效应——隶属于本国要素的增加值和隶属于他国要素的增加值,两者共同构成了出口增加值的属权结构。在要素流动全球价值链分工下,一国国际贸易的要素收益不再仅仅是一国属地意义上的出

口增加值,更是一国属权意义上的出口增加值。

第四节 本 章 小 结

　　生产要素的国际流动是增加值贸易形成的现实基础。产品的全球价值链铺开依赖于生产要素的国际流动,生产要素的国际流动将产品的不同生产阶段配置到不同要素禀赋的国家。不同生产阶段所形成的增加值,在中间品贸易结算过程中表现为增加值贸易。

　　生产要素国际流动的发展是一国增加值贸易属权结构形成的原因。全球价值链驱动下的生产要素国际流动,改变了一国的要素禀赋结构,改变了一国的生产结构,本国要素和国外要素就产品的某一生产环节共同创造增加值。

　　外国要素和本国要素就某一产品进行专业化分工是产品出口增加值的本质特征。一国出口的产品增加值是本国要素和外国要素共同创造的结果。生产要素的国际流动深化了垂直专业化分工,从产品分工推进到了要素分工。

　　分工深化带来了两个方面的效应,一个效应是生产要素国际流动对于属权增加值贸易的创造效应。生产要素国际流动可以优化东道国国内的要素比例关系,将更多的闲置生产要素融入全球价值链体系,促进一国的属权增加值出口。另一个效应是生产要素国际流动对属权增加值贸易的分配效应。生产要素国际流动使得一国出口的增加值由本国要素和外国要素共同创造,一国出口的增加值在本国要素和外国要素之间需要进行分配,从而形成了一国出口增加值的收益分配属权结构。

第四章

属权增加值核算下的贸易竞争力

第四章 属权增加值核算下的贸易竞争力

自2009年起中国成为世界第一出口大国,且在多个产业或产品上具有较高的市场占有率。根据通行方法,这是中国贸易竞争力的体现。但是,深入分析中国出口产品的价值构成与形成条件就可以发现,以市场占有率或贸易规模为依据的贸易竞争力并非中国贸易收益的真实体现。需要根据国际价值链分工与投资创造贸易的现实,分析出口产品的价值构成与要素属权构成,进而得出出口中的国民收益。只有以国民收益率来修正贸易竞争力,才能得出体现国民收益的贸易竞争力,从而发现一国真正的贸易优势所在。这既是经济全球化提出的一个新的理论问题,也是中国贸易升级方向中的一个战略问题。

第一节 通行贸易竞争力分析方法中本国出口收益的不确定性

目前,通行的贸易竞争力分析方法大致有以下5种:

1. 市场占有率法

该方法试图通过一国出口总额占世界出口总额的比例,来反映一国出口的整体竞争力(其计算公式为:$GMS_{ij} = X_{ij} / \sum_{i=1}^{n} X_{ij}$,其中 X_{ij} 为 i 国第 j 类产业的出口量, $i=1, 2, 3\cdots, n$; $j=1, 2, 3\cdots, m$,下同)。

2. 净出口比重法

该方法试图通过计算一国某一产品的进出口差额对进出口总额之比,来说明一国的出口竞争力,该指标介于 -1 和 1 之间,该指标越接近于 1 ,则说明该国该产业越具有竞争力(其计算公式为:$NER_{ij} = \dfrac{X_{ij} - M_{ij}}{X_{ij} + M_{ij}}$,其中

M_{ij}为i国第j类产业的进口量,$i=1,2,3\cdots,n$;$j=1,2,3\cdots,m$,下同)。

3. 巴拉萨(1965)提出的显性比较优势法

该方法通过计算某一产业在该国出口中所占的份额与世界贸易中该产业占世界贸易总额的份额之比来表示一个国家某一产业的相对比较优势,该指标大于1,说明该国该产业具有比较优势,反之亦然(其计算公式为:

$$RCA_{ij} = \frac{X_{ij}/\sum_{i=1}^{n}X_{ij}}{\sum_{j=1}^{m}X_{ij}/\sum_{i=1}^{n}\sum_{j=1}^{m}X_{ij}})。$$

4. Vollrath and Voo(1988)提出了显性竞争优势指数(Competitive Advantage)

显性竞争优势指数较好的消除了进口的影响,该方法试图利用一国在出口中显示的比较优势与在进口中显示的比较优势之差,来表示一国的出口贸易竞争力,其计算方式为:

$$CA_{ij} = \frac{X_{ij}/\sum_{j=1}^{m}X_{ij}}{\sum_{i=1}^{n}X_{ij}/\sum_{i=1}^{n}\sum_{j=1}^{m}X_{ij}} - \frac{M_{ij}/\sum_{j=1}^{m}M_{ij}}{\sum_{i=1}^{n}M_{ij}/\sum_{i=1}^{n}\sum_{j=1}^{m}M_{ij}}。$$

5. 为了进一步反映进口对出口所产生的影响,巴拉萨(1989)又提出了净出口显示比较优势指数(其计算公式为:

$$NRCA_{ij} = \left[\frac{X_{ij}}{\sum_{j=1}^{m}X_{ij}} - \frac{M_{ij}}{\sum_{j=1}^{m}M_{ij}}\right] \times 100)$$

该指标剔除了产业内贸易对比较优势的影响,反映了进口和出口两个方面的影响。这些方法的意义不同,但共同之处是基于地理意义上各经济体最终实现的贸易的数量统计,而未考虑出口商品的价值构成或提供者的国民属性。

但是,经济全球化的深入发展对这些传统的贸易竞争力分析方法提出了质疑:

首先,当代国际贸易越来越多地不再是最终产品的贸易,而是中间品的贸易,且进口的中间品成为一国出口产品的组成部分,这种价值链的国际分工使一国出口中包含了日益增大的进口部分,因而出口不再只是一国在本土实现的增加值,传统的以海关统计为基础的贸易量,夸大了一国的实际出口规模。

近年来,一些国际机构开始重视这一价值链分工夸大贸易量统计的现象,提出了增加值贸易的理念与统计方法。2010年世界贸易组织提出了增加值贸易(Trade in Value Added,TiVA),通过从本国出口中剔除进口增加值,进而明确本国实际生产过程中的增加值的出口。

其次,当代世界各国的大量贸易产生于国际直接投资,引进外资成为发展中国家特别是新兴经济体出口发展的重要途径。外商直接投资的本质是生产要素的国际流动(张幼文,2006),即跨国公司以资本为载体将技术、品牌和管理等转移到新兴经济体,与后者的土地、劳动力等相结合,形成出口。要素流动这一历史性现象已经使当代国家的出口产品不仅是本国比较优势或要素禀赋的体现,还是国际要素组合下全要素生产率的体现(张幼文,2007)。这就使建立在国家或经济体基础上的贸易统计,不再是一国竞争力的真实表现。

再次,在当代贸易发展中,出口或某些特定产业的出口往往成为国家的发展战略(张幼文,2005),各种政策与战略支持下的出口发展,并非本国现行比较优势的真实表现。出口中包含着政府激励的政策成本、汇率扭曲、污染和资源消耗等负外部性、产业政策下的社会成本等。忽略这些成本下的出口,并不是贸易竞争力的真实体现。这种竞争力与完善市场下的竞争力是相背离的。

在出口产品价值构成发生这些历史性变化的情况下,一国出口收益与出口量之间关系的不确定性,也进一步形成。历史上对贸易收益的分析往往集中在国际市场垄断、不平等交换等问题上,但是现在真正使一国贸易收益不能以出口数量体现的原因,在于全球化因素所导致的出口产品价值构成变化。产品价值链分工使一国的贸易收益只取决于本国实现的新增价值,而外商直接投资企业的出口中只有本国生产要素的构成部分及其创造的增加值,才能成为本国的出口收益。

用生产要素国际流动的观念看国际直接投资以及由此形成的出口可以发现,资本收益、专利、品牌与国际营销收益等,为跨国公司持有的外国生产要素收益,而土地、劳动力和政府税收等为东道国生产要素收益,只有后者才是东道国出口所实现收益(周琢和陈钧浩,2013)。

包含着政策成本与各种负外部性的出口竞争力更不能直接体现贸易收益。在国民经济整体上,战略性新兴产业出口激励政策成本可能在长期发展中得到补偿,但其他产业却不能。此外,以汇率低估方式形成的出口中,包含着进口部门的成本提高与收益下降,在国民经济整体上出口收益,同样是与出口规模相背离的。

由此可见,基于贸易规模的竞争力分析方法在现代条件下与一国的贸易收益是脱节的,其不是一国本土生产出口能力的真实体现,更不是本国生产要素的国际竞争力的真实体现或收益的真实体现。只有以收益为条件的出口竞争力,才是一国出口能力的真实体现。

第二节 竞争力分析以本国要素收益为前提条件的依据

对一国贸易竞争力的分析必须基于国民收益,这是市场经济一般原理在国际经济中的体现。

在国内市场中,一企业参与市场竞争必然以获得更高收益为目标,也是企业显示其竞争力的前提条件。任何企业不可能放弃高收益目标去追求数量意义上的市场占有率。只有获得正常合理收益的市场占有率,才是一企业产品竞争力的真实体现。企业可以采取薄利多销的经营战略,单件产品利润与销售数量之积既是其总收益,也是其竞争力的正确体现。其可以采取近期亏损为长期获取更高盈利的战略,但近期亏损下的市场占有率正是其尚不具有竞争力的体现,而长期平均利润水平下的市场占有率才是其竞争力的体现。

国际贸易的发生是基于市场的国际化而形成的,企业在国内市场上的经营原则在国际贸易上同样适用。比较优势规律提供的高收益也伴随着高风险,由于国际市场高风险的存在,从而使出口产业的资本收益率长期高于国内产业的资本收益率。

与当代世界经济的价值链分工相似,企业的收益只来自其在购入原材料、零部件基础上创造的增加值。同时,企业的每一个投资者的收益只对应于其在企业投入的份额,这正是要素国际流动下企业出口收益必然要分解为东道国与投资国的收益的原因。

通行的贸易竞争力分析方法是基于传统国际贸易基础而形成的。在传统国际贸易下,一产品的增加值大部分在本国形成,没有国际直接投资下的要素国际流动与组合,因此,产品的国际市场占有率较好地体现了一国的竞争力。但是,价值链分工与要素流动从根本上改变了当代国际贸易的形成基础和价值构成,从而使以出口数量为基础的竞争力分析面对挑战。

经典贸易理论没有把国民收益作为分析对象,是因为其以最终产品完全由本国生产要素在本国生产的客观历史条件为依据及出发点,代表性的理论是比较优势论与要素禀赋论。在这种贸易模式下没有要素的国际流动,也没有产品的价值链分工。贸易的国民收益必然且清晰的原因是生产选择是企业行为,要素配置是市场机制,政府的看得见的手还没有出现,负外部性假定为零。这样,只要企业行为是理性的,国家就能获利,而且收益的规模与出口的规模是关联的。贸易理论的发展继承着结构分析的传统,但开始将收益分析纳入体系(Krugman,1982;Helpman,1984),但不区分出口产品生产要素的国民属性,而出口产品全部归结为出口国收益。产业内贸易理论和企业异质性理论(Meilz,2003)指出了古典贸易理论或要素禀赋论所不能解释的现象,分析了新贸易现象形成的原因和特点,收益分析已经包含在企业的合理选择之中,收益最大化被作为企业行为的内在动因,而结构分析仍然是贸易理论的分析核心。

但是,无论是产品增值过程的国际化,还是生产要素来源的国际化,企业的收益原理没有变化,而国家的收益原理却发生了变化,使一国的出口不再是该国收益的真实体现,竞争力分析的通行方法的意义也就受到了挑战。

近年来，OECD、WTO等国际组织推进的增加值贸易统计方法，运用投入产出分析有效地解决了国际贸易中增加值的来源，使包含他国增加值进口的海关出口值数量统计被调整为本地增加值统计。这种"属地"原则使出口数量向出口国贸易收益跨进了一大步，其本身也是贸易统计反映国民收益需要的体现。但是，增加值贸易统计在有效解决了国际价值链分工现象的同时，并没有解决国际直接投资所带来的不同国家要素收益的"属权"问题。不解决这一问题，增加值贸易统计仍然没有最终回答出口收益的国民归属这一时代性、根本性问题。

进一步研究表明（张幼文等，2013）：在生产要素国际流动的条件下，按要素国民属权实现的贸易收益分配，并不是一场零和博弈。第一，稀缺要素的流入使得闲置生产要素投入生产过程，使得东道国生产总量得以提升；第二，由于要素流动形成新的、配置更为优化的要素组合，导致全要素生产率得以提高，提高了要素的总收益，提高了不同国别要素收益。

第三节　以收益率修正贸易竞争力的方法

以收益为条件的贸易竞争力分析首先需要明确各类要素在贸易收益中的相互关系。

一、生产要素的分类——要素价格与要素收益

在不区分生产要素国民属性的情况下可以按自然与经济属性对生产要素进行分类。

从自然属性上讲，生产要素可分为资金、劳动力、土地、技术、品牌和渠道等；从经济属性上讲，所有生产要素可划分为"资本要素"与"非资本要素"。一生产过程即资本购买各非资本要素，形成所有要素结合与创造增加

值的运营过程。因此,资本与非资本要素的地位是不同的,资本是组合各类非资本要素的核心要素。

资本收益的计量为"资本收益率",非资本要素的收益即为要素价格。要素价格取决于要素生产成本,因而也是包含了为要素生产投资的资本收益。非资本要素的价格定价方式有两类:一类是通过支付租金获得服务,该要素的价值并不转移到产品中去,此类要素有:如劳动力(从低端到高端,含加工型、经营型与技术型各类劳动力)、土地、资金、外包服务、租赁设备等。另一类是价值完全转移到产品中去的要素:专利、品牌、市场网络、商誉等。后一类要素的特征是其本身就是前一项投资的产品,因而其价格由成本所决定。

除了广泛认同的资本、劳动力、土地等要素,我们还必须关注环境要素和政策要素,环境要素曾经是可以被无限供给和使用的要素,但随着人类工业化水平的推进,它已经成为人类生存和经济发展的重要约束,对环境无偿使用的时代已经过去。但对环境的消耗以及损害,日益需要支付一定的代价,对排放所支付的费用,政府对污染的惩罚日益需要的各国的实践,已经成了企业生产成本的一部分,因此,环境已经成为一种特定的生产要素,其可以通过企业一定量的支付表现为对该种要素的购买,也可以不需要购买,而形成负外部性,即社会承担的成本。

政策即政府通过税收等鼓励某些产业或企业发展和出口的工具。政府服务是产业或企业经营的必要外部条件,税收作为一种公共服务,是企业获得公共服务所支付的费用。因此,政府提供的公共服务对企业而言同样是一种要素,支付较低的税收意味低价获得了这种要素。相对未获得政策支持的产业,则支付了更高的价格,由此而导致了获得出口支持政策的产业获得高收益。在汇率扭曲情况下,低估的汇率使得出口企业获得了更高的收益,但它同时是以进口企业以更高价格获得外汇为代价。这些情况都影响了企业或产业的资本收益率。生产要素按资本与非资本两大类分类为我们分析要素收益提供了切入点,也为要素的价格优势如何转化为资本收益率明确了思路。

二、以收益率为条件的贸易竞争力评估

根据上述收益与竞争力关系原理,在国际贸易中表现出的"产业竞争力"是一国某一产业的资本组合各类生产要素生产出口产品的盈利能力。

这一定义与通行的贸易竞争力分析方法的根本区别在于明确把产业的收益率纳入了竞争力计算之中。这一方法的理论依据是:各产业的资本收益率存在国家差异是国际经济的基础特点,不同于经济学上以平均利润率为假定的方法。在国民经济中要素价格相等为基本假定,进而产业动态进步的动力在于更高资本收益率的新兴产业吸收更多资本。在国际经济中比本国其他产业更高的资本收益率是出口产业发展的基本动力,其超越本国其他产业的收益率是竞争力的基础。运用比较优势论的逻辑我们可以看到一国竞争力的结构。依据以上分析一国必然出口资本收益率相对更高的产品,但低效率国家出口产品的资本收益率可能低于高效率国家的出口产品甚至进口产品。这里的逻辑结构与以劳动为唯一要素的古典经济学是完全一致的。因此比较优势方法可转变为"比较收益率方法":出口是企业家对资本收益率国内外市场比较后的结果。本书将某产业的(比较资本收益率)(Comparative Return On Capital,CROC)指数定义为:$CROC_i = \dfrac{ROC_i}{K_i} \bigg/ \dfrac{\sum_{i=1}^{n} ROC_i}{\sum_{i=1}^{n} K_i}$,其中:$ROC_i$ 为 i 产业的资本收益,K_i 为 i 产业的实收资本。当 $CROC_i > 1$ 时,我们认为资本在 i 产业中的收益相对较高;反之亦然。

因此,评估出口竞争力的显性比较优势方法可以被推进为"显性比较收益方法",通过采用通行的显性比较优势方法测定一国贸易和与采用"比较收益率方法"相对照,可以发现一国的各出口行业是否合理。如果两者不一致,基本可以认定是存在着国内要素价格扭曲的结果。因为要素价格扭曲而导致了实际出口结构对合理出口结构的错位。

三、国内要素价格水平与出口贸易竞争力的关系

资本收益率方法也使国内要素价格水平与出口竞争力的关系得到说明：高资本收益率可能来自产业先进性，而这种先进性本身就是技术或产品创新等优势要素的体现。对于一般要素，高资本收益也可能来自更低的要素成本。要素价格本国相对较低可能是扭曲的结果，国际相对较低则是资本等高级要素流入的引力。

因此，由低要素价格形成的国际竞争力是通过该产业的高资本收益率体现的。从经济属性上，生产要素可分为资本和非资本要素，所以这一关系使我们可以用资本收益率来代表产业的综合要素竞争力，而用资本收益率修正的出口量为基础的竞争力，正是一国出口竞争力的真实体现。

四、区分要素国民属性下的贸易收益评估方法

上述资本收益率分析方法使我们对流入资本对贸易竞争力的影响分析成为可能。

进一步，本书将对出口产业的内外资本结构进行计算，本国资本含量定义如下：$\frac{K_i^d}{K_i^d + K_i^f}$，$K_i^d$ 为产业 i 中本国实收资本的数量，K_i^f 为产业 i 中外国实收资本的数量。本国资本含量的提出可说明竞争力按要素国民属性的来源，进而可以根据出口产业资本结构和资本收益率进一步计算出本国资本出口收益。

由此我们可以提出基于本国资本收益的贸易竞争力的分析方法。这里分析的是一国贸易竞争力的产业结构。

基于进出口量海关统计竞争力评估可有以下 4 种原则，即规模原则、收益原则分别与属地原则和属权原则的组合。本书以主要计算显性比较优势为范例。

表4-1 基于海关统计的贸易竞争力计算的规模方法与收益方法

	规 模 方 法	收 益 方 法
属地方法	CU-SL原则 RCA_i,为传统的显性比较优势值	CU-EL原则 $RCA_i \times RRC_i$ 得"以收益率调整的显性比较优势"值
属权方法	CU-SO原则 $RCA_i \times \dfrac{K_i^d}{K_i^d + K_i^f}$ 得"本国资本显性比较优势"值	CU-EO原则 $RCA_i \times RRC_i \times \dfrac{K_i^d}{K_i^d + K_i^f}$ 得"收益率本国资本显性比较优势"值

在上表4组原则中,(1)海关统计下的规模属地原则(CU-SL)为常用的显现比较优势方法,可为其他原则分析的基础。(2)海关收益属地原则(CU-EL)旨在体现各出口产业收益水平的差异,比较资本收益率指数大于或小于1分别为高效益或低效率产业,以此对按规模计算的显性比较优势等出口竞争力结构进行调整,可更准确体现更高收益而非仅更大规模是出口目的理念。此方法中比较资本收益率高可能由于各要素相对价格低所致,这就是单要素的更高生产率,正是一国或某一产业竞争力的来源之一。用比较资本收益率指数可以包含这一要点。本方法收益率指数基于出口产业计算未包括内销产业,仍不能反映出口产业收益就国家意义而言的真实性,因为偏向出口的激励政策可能导致出口企业高收益率,忽略社会成本和政策性补贴。(3)海关规模属权原则(CU-SO)在于分析在外资流入下出口能力提升中本国资本的实际作用。测算了本国资本的实际出口能力。(4)海关收益属权原则(CU-EO)为(2)与(3)的综合,不仅体现贸易竞争力中本国资本的比重,而且体现了各产业竞争力的相对水平,是贸易竞争力的完整体现。

类似地,可以提出基于本地增加值的四类原则,本书以传统的显性比较优势指数为例:

表4-2 基于增加值统计的贸易竞争力计算的规模方法与收益方法

	规 模 方 法	收 益 方 法
属地方法	VA-SL原则 RCA_i^V,为基于各国出口增加值的显性比较优势值	VA-EL原则 $RCA_i^V \times RRC_i$,得"基于增加值的收益率显性比较优势"值

续表

	规 模 方 法	收 益 方 法
属权方法	VA - SO 原则 $RCA_i^V \times \dfrac{K_i^d}{K_i^d + K_i^f}$，得"基于增加值的本国资本显性比较优势"值	VA - EO 原则 $RCA_i^V \times RRC_i \times \dfrac{K_i^d}{K_i^d + K_i^f}$，得"基于增加值的收益率本国资本比较优势"值

在上表 4 组原则中，(1) 以增加值为基础的规模属地原则(VA - SL)。此原则在于把进口他国增加值在本国出口中剔除，因而更能体现本国的实际出口增值规模。但这其中仍然包含着由外资所创造的增加值。(2) 增加值收益属地原则(VA - EL)。仍然用资本收益率调整规模属地原则，此时的收益为内外生产要素的总和，并未对资本的属权结构进行调整。(3) 增加值规模属权原则(VA - SO)排除了外资企业，但外资企业使用本国要素仍然是本国增加值，因而从收益上这部分是遗漏的。但如果从竞争力考虑，此部分仍然可计为要素流入的竞争力。(4) 增值收益属权原则(BA - EO)，这部分真正体现了本国要素收益下的本国产业竞争力结构。

第四节　以本国要素收益-属权原则对中国贸易竞争力结构的测算

一、以属权原则的贸易竞争力计算公式

根据前文的理论基础，本书主要以显性比较优势指数为范例，计算公式为

(1) $$RCA_{ij} = \dfrac{X_{ij} \big/ \sum\limits_{i=1}^{n} X_{ij}}{\sum\limits_{j=1}^{m} X_{ij} \big/ \sum\limits_{i=1}^{n} \sum\limits_{j=1}^{m} X_{ij}}$$

其中 X_{ij} 为 i 国第 j 类产业的出口量，$i = 1, 2, 3\cdots, n$；$j = 1, 2, 3\cdots, m$；

(2) $$RCA_{ij}^V = \dfrac{X_{ij}^V \big/ \sum\limits_{i=1}^{n} X_{ij}^V}{\sum\limits_{j=1}^{m} X_{ij}^V \big/ \sum\limits_{i=1}^{n} \sum\limits_{j=1}^{m} X_{ij}^V}$$

其中，X_{ij}^V 为 i 国第 j 类产业的出口增加值量，$i=1,2,3\cdots,n$；$j=1,2,3\cdots,m$。

（3）$RRC_i = \dfrac{PC_i}{K_i} \Big/ \dfrac{\sum\limits_{i=1}^{n} RC_i}{\sum\limits_{i=1}^{n} K_i}$，其中：$RC_i$ 为产业 i 的资本收益，K_i 为产业 i 的实收资本。

（4）$\dfrac{K_i^d}{K_i^d + K_i^f}$，其中，$K_i^d$ 为产业 i 中本国实收资本的数量，K_i^f 为产业 i 中外国实收资本的数量。

二、以属权原则的贸易竞争力数据计算来源

（1）X_{ij}（i 国第 j 类产业的出口量），数据来源于：联合国世界贸易组织数据库 www.unctad.org；X_{ij}^V（i 国第 j 类产业的出口增加值量），数据来源于：OECD 和 WTO 发布的增加值统计数据库 http://stats.oecd.org/Index.aspx? DataSetCode=TIVA_OECD_WTO。

（2）RC_i（产业 i 的资本收益），为产业 i 的利润减去所得税和投资收益，数据来源于：中国工业经济统计年鉴相关年份。

（3）K_i（产业 i 的实收资本）、K_i^d（产业 i 中本国实收资本的数量）、K_i^f（产业 i 中外国实收资本的数量），数据来源于：中国工业经济统计年鉴相关年份。

三、以收益-属权原则对中国贸易竞争力结构测算的结果

（1）基于海关出口统计的四类原则

从表 4-3 中，我们可以看到：收益率显性比较优势排序与传统显性比较优势计算排序大致相同。以收益率指数调整的显性比较优势不仅反映了

表 4-3　2012年基于海关出口统计的以收益为约束条件的显性比较优势调整

排名	显性比较收益	收益率显性比较优势	本国资本显性比较优势	本国资本收益率显性比较优势
1	皮箱、包(袋)制造(4.076 806)	皮箱、包(袋)制造(5.885 871)	家具制造业(2.163 624)	制鞋业(2.876 834)
2	制鞋业(3.569 58)	制鞋业(5.740 907)	纺织服装、服饰业(2.059 452)	纺织服装、服饰业(2.864 616)
3	计算机制造(3.419 934)	计算机制造(5.683 736)	通信设备制造(1.968 49)	皮箱、包(袋)制造(2.841 588)
4	纺织服装、服饰业(3.263 339)	纺织服装、服饰业(4.539 176)	皮箱、包(袋)制造(1.968 205)	木材加工和木、竹、藤、棕、草制品业(2.686 46)
5	家具制造业(3.209 091)	家具制造业(3.720 51)	制鞋业(1.788 758)	家具制造业(2.508 431)
6	通信设备制造(2.996 138)	通信设备制造(3.209 862)	木材加工和木、竹、藤、棕、草制品业(1.441 344)	水产品加工(2.290 547)
7	金属制品业(1.786 613)	木材加工和木、竹、藤、棕、草制品业(3.043 083)	金属制品业(1.321 838)	通信设备制造(2.108 909)
8	木材加工和木、竹、藤、棕、草制品业(1.632 68)	水产品加工(2.885 957)	计算机制造(1.086 566)	计算机制造(1.805 811)
9	电子和电工机械专用设备制造(1.586 08)	金属制品业(2.236 098)	专用仪器仪表制造(1.066 392)	其他农副食品加工(1.741 378)
10	专用仪器仪表制造(1.319 931)	其他农副食品加工(2.133 032)	水产品加工(1.025 397)	金属制品业(1.654 392)
11	水产品加工(1.291 941)	蔬菜、水果和坚果加工(1.910 142)	非金属矿物品业(1.002 255)	蔬菜、水果和坚果加工(1.567 637)

续表

排名	显性比较收益	收益率显性比较优势	本国资本显性比较优势	本国资本收益率显性比较优势
12	橡胶制品业（1.250 836）	专用仪器仪表制造（1.634 374）	其他衣副食品加工（0.993 338）	专用仪器仪表制造（1.320 436）
13	其他衣副食品加工（1.216 751）	橡胶制品业（1.475 026）	铁路、船舶、航空航天和其他运输设备制造业（0.946 423）	非金属矿物制品业（1.100 313）
14	非金属矿物制品业（1.204 44）	电子和电工机械专用设备制造（1.400 473）	电子和电工机械专用设备制造（0.938 173）	肥料制造（0.835 211）
15	光学仪器及眼镜制造（1.125 594）	非金属矿物制品业（1.322 279）	黑色金属冶炼和压延加工业（0.897 522）	电子和电工机械专用设备制造（0.828 386）
16	铁路、船舶、航空航天和其他运输设备制造业（1.112 999）	皮革、毛皮、羽毛及其制品和制鞋业（1.018 101）	肥料制造（0.830 507）	橡胶制品业（0.808 738）
17	黑色金属冶炼和压延加工业（0.988 991）	肥料制造（0.870 312）	橡胶制品业（0.685 817）	饲料加工（0.694 965）
18	肥料制造（0.865 411）	饲料加工（0.800 802）	蔬菜、水果和坚果加工（0.638 098）	铁路、船舶、航空航天和其他运输设备制造业（0.679 086）
19	蔬菜、水果和坚果加工（0.777 513）	铁路、船舶、航空航天和其他运输设备制造业（0.798 61）	光学仪器及眼镜制造（0.612 196）	烟草制品业（0.641 004）
20	电气机械和器材制造业（0.731 584）	专用设备制造业（0.792 827）	电气机械和器材制造业（0.542 65）	专用设备制造业（0.598 015）
21	造纸（0.726 553）	电气机械和器材制造业（0.775 953）	专用设备制造业（0.539 823）	金属加工机械制造（0.593 891）

续表

排名	显性比较收益	收益率显性比较优势	本国资本显性比较优势	本国资本收益率显性比较优势
22	专用设备制造业(0.715 677)	食品制造业(0.738 149)	金属加工机械制造(0.539 634)	皮革、毛皮、羽毛及其制品和制鞋业(0.580 121)
23	金属加工机械制造(0.662 222)	金属加工机械制造(0.728 805)	有色金属冶炼和压延加工业(0.460 075)	电气机械和器材制造业(0.575 561)
24	皮革、毛皮、羽毛及其制品和制鞋业(0.554 483)	光学仪器及眼镜制造(0.673 641)	造纸(0.390 161)	其他农副食品加工(0.537 451)
25	合成纤维制造(0.547 836)	其他农副食品加工(0.658 33)	化学原料和化学制品制造业(0.387 32)	黑色金属冶炼和压延加工业(0.524 082)
26	有色金属冶炼和压延加工业(0.528 916)	烟草制品业(0.641 38)	合成纤维制造(0.348 079)	食品制造业(0.506 089)
27	化学原料和化学制品制造业(0.522 689)	黑色金属冶炼和压延加工业(0.577 492)	皮革、毛皮、羽毛及其制品和制鞋业(0.315 949)	有色金属冶炼和压延加工业(0.498 782)
28	食品制造业(0.441 568)	有色金属冶炼和压延加工业(0.573 414)	其他制造业(0.309 22)	制糖业(0.496 316)
29	其他制造业(0.437 145)	制糖业(0.566 007)	其他农副食品加工(0.306 58)	光学仪器及眼镜制造(0.366 384)
30	其他农副食品加工(0.375 533)	汽车制造业(0.492 535)	食品制造业(0.302 747)	化学原料和化学制品制造业(0.347 065)
31	饲料加工(0.345 101)	化学原料和化学制品制造业(0.468 365)	饲料加工(0.299 491)	汽车制造业(0.334 451)

续表

排名	显性比较收益	收益率显性比较优势	本国资本显性比较优势	本国资本收益率显性比较优势
32	汽车制造业(0.336 983)	其他制造业(0.389 983)	烟草制品业(0.259 679)	其他制造业(0.275 859)
33	制糖业(0.276 013)	造纸(0.344 549)	制糖业(0.242 029)	医药制造业(0.258 922)
34	烟草制品业(0.259 831)	合成纤维制造(0.337 718)	汽车制造业(0.228 825)	合成纤维制造(0.214 577)
35	医药制造业(0.212 419)	医药制造业(0.327 335)	医药制造业(0.168 023)	木制品制造(0.212 038)
36	日用化学产品制造(0.204 541)	日用化学产品制造(0.311 619)	煤炭开采和洗选业(0.129 821)	煤炭开采和洗选业(0.210 998)
37	木制品制造(0.163 687)	木制品制造(0.270 342)	木制品制造(0.128 385)	造纸(0.185 024)
38	煤炭开采和洗选业(0.131 372)	煤炭开采和洗选业(0.213 518)	日用化学产品制造(0.081 512)	谷物磨制(0.159 602)
39	饮料制造(0.121 516)	谷物磨制(0.171 551)	谷物磨制(0.072 294)	天然气开采(0.139 441)
40	乳制品制造(0.081 12)	天然气开采(0.145 403)	饮料制造(0.066 529)	日用化学产品制造(0.124 184)
41	谷物磨制(0.077 706)	饮料制造(0.139 941)	乳制品制造(0.058 512)	饮料制造(0.076 616)
42	天然气开采(0.041 942)	乳制品制造(0.101 343)	天然气开采(0.040 222)	乳制品制造(0.073 099)
43	肉制品及副产品加工(0.031 126)	肉制品及副产品加工(0.057 334)	肉制品及副产品加工(0.022 94)	肉制品及副产品加工(0.042 255)
44	纸浆制造(0.025 461)	有色金属矿采选业(0.028 18)	纸浆制造(0.019 17)	有色金属矿采选业(0.027 374)
45	有色金属矿采选业(0.012 218)	纸浆制造(0.001 544)	有色金属矿采选业(0.011 869)	纸浆制造(0.001 162)

数据来源：作者计算所得
注：表格中行业排名次序按所计算出的相关显性比较优势值排序，表格括号中的值为计算出的相关显性比较优势值。

产业显性比较优势的规模,也反映了产业的收益。根据前文的逻辑分析,出口企业的资本收益率一般高于非出口企业的资本收益率,从计算结果看,显性比较优势排名靠前的产业,其以收益率指数调整后的显性比较优势指数也靠前,验证了本书此前的逻辑判断。资本作为各类生产要素生产活动的组织者,其收益率反映了各类要素的生产率和要素综合竞争力。从排名看,传统劳动密集型的制造业,其要素的生产率高于其他产业。

本国资本显性比较优势计算值相比传统显性比较优势计算值大幅下降。对于传统的显性比较优势进行资本属权调整,我们发现显性比较优势指数行业平均下降幅度约为26.14%。按传统显性比较优势排名前三的皮箱、包(袋)制造业、制鞋业和计算制造业,其显性比较优势指数分别下滑了近51.72%、49.89%和68.12%。指数大幅下滑的重要原因在于:我国以外资主导的对外贸易模式,跨国公司通过生产要素的国际流动在我国境内组织各类要素生产,并形成出口能力。按传统以国境为标准的显性比较优势计算无疑是夸大了本国的生产出口制造能力。剔除外资影响下的本国资本显性比较优势计算才能正确地反映本国资本的生产出口制造能力和贸易收益。

以收益率调整的本国资本显性比较优势重新厘定了本国的出口优势产业排序。按收益率和属权结构调整后的显性比较优势指数不仅反映产业的出口规模和出口收益,也体现了本国资本在出口产业中的地位,清晰地为我们勾勒出了本国出口优势产业的分布。经过收益率和资本属权调整后,我们发现传统劳动、资源密集型产业的相关排序出现了上升,例如,制鞋业、纺织服装和水产品加工等。而由外资驱动的出口产业,其在行业样本中的排序发生了明显的下降,在样本行业中,下滑最明显的是光学仪器及眼镜制造业,其从传统的RCA排名第15位,下滑到了调整后的第29位,其国外资本占行业总资本的比重为45.6%。在按传统显性比较优势排名前十位的产业中,排名第三的计算机制造业,在调整后的排名下滑到了第八,其国外资本占行业总资本的比重为68.2%。从以收益率调整的本国资本显性比较优势产业排序看,我国出口的比较优势产业仍然集中在传统的劳动、资源密集型产业。

(2) 基于增加值统计的四类原则

基于增加值计算的传统显性比较优势指数有效地剔除了中间品进口对

于显性比较优势指数计算的影响,进一步还原了一国国境内的生产出口能力和贸易收益。由于数据的可得性,相比海关出口数据,基于增加值的传统显性比较优势相关计算所涉及的产业分类无法细化。但是从大类上看,基于增加值计算的传统显性比较优势值相比基于海关出口数据计算的传统显性比较优势值而言,大幅下降,且有6个大类的基于增加值计算的传统显性比较优势值小于1,即意味着这6大类的出口并不具有比较优势,这一特征在基于海关出口数据计算的显性比较优势值中并未体现。

基于增加值的收益率显性比较优势指数排序基本与基于增加值的传统显性比较优势指数排序趋同。从表4-4中,我们看到基于增加值的收益率显性比较优势指数大于1的产业,基于增加值的传统显性比较优势指数也同样大于1,这说明了资本在具有比较优势的增加值出口产业中获取了更高的综合要素生产率,实现了更高的收益率。将基于增加值的本国资本显性

表4-4 2009年基于增加值的以收益为约束条件的显性比较优势调整

排名	基于增加值显性比较优势	基于增加值的收益率显性比较优势	基于增加值的本国资本显性比较优势	基于增加值的本国资本收益率显性比较优势
1	纺织业、纺织服装和皮革制造业(2.965 7)	纺织业、纺织服装和皮革制造业(3.221 547)	纺织业、纺织服装和皮革制造业(1.780 712)	纺织业、纺织服装和皮革制造业(1.934 332)
2	电气机械、通信设备和计算机制造业(1.769 3)	电气机械、通信设备和计算机制造业(1.695 345)	电气机械、通信设备和计算机制造业(0.820 992)	电气机械、通信设备和计算机制造业(0.786 675)
3	基础金属和金属制品业(0.838 6)	通用设备制造和专用设备制造业(0.881 64)	通用设备制造和专用设备制造业(0.628 449)	通用设备制造和专用设备制造业(0.614 512)
4	通用设备制造和专用设备制造业(0.776 2)	基础金属和金属制品业(0.820 002)	基础金属和金属制品业(0.534 029)	基础金属和金属制品业(0.606 572)
5	化学原料、化学制品、塑料制品和非金属矿物制品业(0.487 4)	食品、饮料和烟草(0.579 009)	食品、饮料和烟草(0.346 844)	化学原料、化学制品、塑料制品和非金属矿物制品业(0.425 04)

续表

排名	基于增加值显性比较优势	基于增加值的收益率显性比较优势	基于增加值的本国资本显性比较优势	基于增加值的本国资本收益率显性比较优势
6	木材、造纸、纸制品和印刷业 (0.472 6)	交通运输设备 (0.473 529)	交通运输设备 (0.314 181)	食品、饮料和烟草 (0.326 178)
7	食品、饮料和烟草 (0.344 5)	化学原料、化学制品、塑料制品和非金属矿物制品业 (0.458 359)	化学原料、化学制品、塑料制品和非金属矿物制品业 (0.252 891)	木材、造纸、纸制品和印刷业 (0.325 214)
8	交通运输设备 (0.339 2)	木材、造纸、纸制品和印刷业 (0.424 579)	木材、造纸、纸制品和印刷业 (0.232 958)	交通运输设备 (0.282 256)

数据来源：作者计算所得。

注：表格中行业排名次序按所计算出的相关增加值 RCA 值的排序，表格括号中的值为计算出的相关增加值 RCA 值。因 OECD-WTO 数据库的产业分类与《中国工业经济统计年鉴》的产业分类不同，本书根据 Timmer et al.(2013)的方法将数据汇总匹配。汇总后为 8 个大类，其涉及 21 个子行业。

比较优势指数与基于增加值的传统比较优势指数进行对比，我们发现，具有比较优势的电气机械、通信设备和计算机制造业，经过资本属权结构的调整，并未显现出其原先的比较优势。这一变化反映了我国资本在该产业较弱的实际生产出口能力和贸易收益。

从基于增加值的收益率本国资本显性比较优势指数看，我国在 8 个样本大类中，仅有一类（纺织业、纺织服装和皮革制造业）具有显性比较优势。其背后的经济学含义是：在考虑资本收益率和剔除外资、中间品进口的影响后，我国目前在全世界范围内具有比较优势的产业仅是纺织业、纺织服装和皮革制造业。

第五节 本 章 小 结

贸易竞争力以收益为条件的修正方法既使我们对本国生产出口能力有了更清晰的把握，也为贸易战略的转型升级提供了依据：只有本国要素创造的增加值才是本国的出口收益,提高这一增加值的最重要途径是高效利用本国资本,培育本国的高级生产要素。

中央政府应该推动属权意义上的相关研究,应更关心属权意义上的出口增加值核算。推动属权意义上增加值贸易研究的目的是还原本国要素从贸易中所获取的真实收益,为更好地制定外资、外贸政策做出相应的理论和实证支持。按要素属权核算的增加值贸易额,将更为有效地厘定本国生产要素实际在国际贸易中所获取的收益,进而更加准确地描述中国在全球价值链中的定位。

改革开放40年来,在外资企业主导的"国际生产"下,以机器设备和知识要素为代表的生产要素大量流入中国,与中国廉价劳动力就某一产品进行合作生产,推动了中国对外贸易的发展,实现了中国的巨额对外贸易顺差,这是属权结构所形成了要素增加值拉动效应。但是,中国的对外贸易顺差并不仅归属于中国要素,还归属于外国要素,这是属权结构所揭示的增加值分配效应。

属地增加值统计相较总值贸易统计更好地还原了一国的国际分工参与度,但是属地增加值统计基于产品的出口增加值,然而产品的出口增加值又包括了外国生产要素所创造的相应增加值,这又高估了要素流入国中本国要素参与国际分工的贡献度。属权增加值统计聚焦于本国要素所创造的增加值,可以更为清晰地告诉政府一国要素参与了多少国际分工,明确一国要素参与全球价值链的规模,参与国际分工的程度和对全球价值链的贡献度。

属权增加值贸易研究也为中国进一步高质量对外开放提供了思路:

1. 增加国内高收益要素的数量。

生产要素国际流动下,参与国际合作生产中的要素收益高低是提升一国开放收益的关键。增加高收益要素的全球价值链参与度,是中国提高对外开放的标志。技术、人才、品牌和管理是典型的高收益要素,由于自身数量的相对稀缺性,此类要素的要素价格相对较高,其在全球价值链的生产合作过程中所取得的相对收益也相对较高。培育此类生产要素的国内供给,增加此类中国要素的全球价值链参与度,是下一阶段中国外贸外资战略的核心。中央政府应该通过两个途径来增加国内高收益要素的供给,其一,优化培育环境,建议政府为技术、人才、品牌和管理等要素培育创造更好的营商环境;其二,国际并购,建议政府鼓励获取高收益要素的国际并购,通过国际并购获取高收益要素的所有权,是开放条件下一国增加高收益要素供给的有效路径。

2. 保护国内充裕要素的合法权益。

目前,中国参与全球价值链的生产要素多以廉价劳动力为主,此类要素在中国相对充裕,其要素市场的结构状态多为充分竞争。此类要素在与流入要素进行合作生产过程中处于相对被动地位,流入要素在合作生产过程中的话语权大于劳动力要素的话语权。由于话语权的不对等,劳动力要素的合法权益往往容易受到侵犯,工作时间超长、工作环境恶劣和劳动报酬拖欠等侵权行为时有发生。如何保护好国内充裕要素的合法权益,如何避免地方政府为了吸引流入要素而造成的劳动力价格竞争,如何鼓励地方政府出台合理的最低工资制度,是当前阶段中国提高开放质量、提升属权出口增加值的关键举措。

3. 改革不可再生要素的定价机制。

不可再生要素是中国参与全球价值链的重要投入要素。中国投入的不可再生要素包括以稀土为主的不可再生金属要素和以空气和水为主的不可再生环境要素。在对外开放初期,中国政府为吸引高级要素的流入,不可再生要素的定价普遍较低。然而,随着中国经济发展水平的不断提高以及不可再生要素自身的稀缺性,这一较低的定价机制已经与高质量的对外开放水平不相符合,也不能反映不可再生要素自身的价值。中央政府应该改革现有不可再生要素的定价机制,将之前生产成本不计入的环境要素进行定价,将之前由计划管制的稀土要素进行重新定价。不可再生要素的定价机制改革,是中国高质量开放的重要环节,也是提升属权出口增加值的关键之一。

第五章

结论：构建便捷的全球价值链，提升属权出口增加值

中国成为世界出口大国的一个重要原因是全球价值链分工,这种分工由生产要素的国际流动而完成。跨国公司将不同生产要素配置到不同禀赋的国家,本国要素和外国要素就产业链中某一环节合作生产,实现了要素合作型国际专业化。跨国公司在空间布局上重塑了全球产品的价值链,深化了全球产品分工,将原先的产品分工进一步推向了要素分工。这是属权增加值形成的理论基础。

在全球价值链分工的大背景下,出口增加值的属地核算已经不能正确反映一国出口中的本国贸易收益。由此,本书认为出口增加值的核算应从属地增加值核算转向属权增加值核算,强调本国要素收益在出口增加值中的重要性。生产要素的国际流动改变了国际分工的形态,一国出口的增加值是各国要素合作生产的结果,是本国要素和外国要素共同就某一产品专业化生产的结果。所以,一国出口增加值中的收益分配需要关注要素的国别属权结构。

通过研究本书发现,现有的中国属地出口增加值夸大了中国要素的实际出口收益,2000—2006年,属地出口增加值和属权出口增加值的平均背离程度为36.11%。属地出口增加值已经不能充分反映一国出口中本国要素的实际收益。生产要素国际流动是属权增加值和属地增加值两者背离的作用机制,本书进一步对这一作用机制进行了实证检验。属权出口增加值的核算,不仅对于我们认识增加值贸易中一国要素的实际收益具有积极意义,而且为一国对外贸易谈判提供了科学依据。

以加工贸易为主的中国出口把中国放到了国际价值链分工的低端,如何从价值链分工的低端走向高端,特别是在高技术产业中提升中国的价值链分工中的地位,已经成为贸易战略转型升级中的一个核心问题。

在当前世界经济保护主义、单边主义日益抬头的情况下,各国都把产业结构的调整作为战略重点。可以预见,在世界与中国发展的新阶段上,中国不仅要实现传统产业国际合作从价值链低端向高端的转型,而且要实现战略性新兴产业和主导性产业的发展,这是赢得未来国际分工高端地位的核心。无论从贸易意义上还是从整体经济上看,中国都面临完成从价值链分工向产业链主导发展这一历史性转型的任务。继续吸收要素流入仍然可能有助于结构升级,但绝不是产业升级战略的核心。在新兴的产业中实现发展的突破,尤其是在国际产业链分工中占据主导地位,引领全球价值链的分工,提升属权增加值量,是中国贸易战略的核心。

全球价值链的发展要务是让更多的发展中国家加入全球价值链,让更多的中小企业参与到全球价值链中来,让更多的人来分享全球价值链所带来的生产效率提升,所以我们需要构建便捷的全球价值链。从功能上讲,便捷的全球价值链可以分为两个部分,第一部分是便利的全球价值链;第二部分是快捷的全球价值链。前者强调全球价值链的制度开放,后者强调全球价值链的时间成本。制度开放既包括了一国对外开放的扩大,也包括了一国对内放开的扩大;既包括了对国内中小企业的行业准入放开,也包括了对国外企业的行业准入的开放。时间成本既包括了一国接入外部价值链的时间成本,也包括了一国内部供应链反应的时间成本;既包括了海关、检疫和检验的相应时间,也包括了出口企业承接订单、组织货源和安排生产的相应时间。本书拟从基础设施、物流水平和中小企业发展等3个层面来对构建便捷的全球价值链进行阐述。

第一节 提升基础设施质量,降低接入全球价值链的门槛

基础设施的质量是一国企业融入全球价值链的关键,一国实现属权增加值的门槛。发展中国家企业从事贸易的能力取决于其港口设施(海运和空运)的质量。可靠和具有成本竞争力的基础设施有利于国与国之间的贸易联系和吸引外国直接投资的能力。在全球价值链分工过程中,发展中国家落后的基础设施,阻碍了发展中国家产品竞争力的上升和生产规模的扩张。所以,这些经济体需要对基础设施进行更多投资,提高公共基础设施的

联通性和有效性。这样才能降低企业融入全球价值链的门槛,实现属权增加值广义边际(extensive margin)上的突破。

Hummels,et al.(2007)的研究表明:对于电子产品(可能很快过时)、水果和蔬菜(易腐烂)、服装(受季节和时尚影响)等产品而言,一天的延迟所受到的损失相当于提高关税1%甚至更多,企业愿意为空运支付更多费用,而不是选择较慢的水路运输。Freund和Rocha(2010)通过研究非洲的出口发现,将内陆运输时间减少一天将使出口增加7%,这种减少相当于对非洲所有进口贸易伙伴的关税减少1.5%。

Limão和Venables(2001)估计,内陆国家的运输成本平均比沿海国家高46%。在衡量不同基础设施如何共同影响贸易的研究中也发现了类似的结论。例如,Nordås和Piermartini(2004)研究港口质量,与铁路连接的机场密度,互联网用户和移动电话用户的密度,发现港口基础设施对所有生产领域都很重要,而且时效性和通信水平在服装和汽车领域显得更为重要。

Limão和Venables(2001年)表明,内陆国家面临更高的运输成本,因为它们的贸易能力取决于邻近国家的基础设施。例如,在东非,内陆国家货物的运输时间至少相当于沿海国家清关3次。"基础设施薄弱所造成的额外成本占沿海国家运输成本的40%,内陆国家则高达60%。"此外作者计算后得出结论,对于内陆国家而言,基础设施水平从25%提高至75%,将有效克服内陆国家面临的一半以上问题(Limão和Venables,2001)。

第二节 缩短物流时间,提高接入全球价值链的效率

一国物流水平的高低是决定一国能否接入全球价值链的重要影响因素,是决定一国是否可以实现属权出口增加值的关键。低效的物流体系是低收入国家对外贸易的主要制约因素,提高物流和供应链效率是提高竞争力和促进一国融入全球经济的核心。

贸易成本取决于天然或无形因素,如地理距离、语言和历史联系,以及

一切可以作为政策干预目标的因素；如供应链连通性、关税和非关税壁垒。Shepherd, et al.(2013)认为物流的效率和连通性的重要性甚至比关税的影响更高。低收入国家面临更高的贸易成本，部分原因是这些国家的物流水平普遍较低，出口或进口所需要花费较长的运输时间。提高物流效率的政策可以减少贸易成本，进而促进全球价值链分工，增加属权出口增加值量。

事实上，一国的对外贸易时间不仅取决于港口和机场等基础设施的能力，还取决于一国的通关行政部门。这些行政部门包括海关、公共健康部门、农业部门、检验检疫部门、国家安全部门、移民局等。这些部门的效率高低共同影响了一国在世界银行的世界物流体系中的排名。通关的相关行政部门更关心风险管理目标，而不是跨境货物的通关速度。这一点是我们政府需要注意的，如何平衡好通关速度和通关效率是提高物流水平的难点。

表5-1为世界不同区域的进出口所需时间。我们看到OECD高收入国家不管在出口时间还是进口时间上都明显地少于其他地区国家。OECD高收入国家在出口上花费的时间为12.7小时，而在进口上花费的时间为8.7小时。在进出口通关上，花费时间最长的地区是非洲，其出口时间需要花费100.1小时，进口时间需要花费136.4小时，远远高于OECD高收入国家。进出口通关时间的长短制约了欠发达地区融入全球价值链的进程，进而对于欠发达地区国家获取属权增加值设置了障碍。

表5-1 世界不同区域的进出口所需时间(单位：小时)

	出口时间	进口时间
东亚	55.9	70.5
欧洲	28.0	25.9
拉丁美洲	62.5	64.4
中东	62.6	112.3
OECD高收入国家	12.7	8.7
南亚	59.4	113.8
非洲	100.1	136.4

数据来源：世界银行Doing Business数据库。

物流效率的改革已成为全球各国积极参与全球价值链的一项重要抓手和议题。各国应该成立专门的部门来促进物流效率的提高,构建便捷的全球价值链。这个专业的协调部门需要对交通政策、海关和边境管理等一系列与物流有关的事项进行协调。在国际产品分段化生产的大背景下,运输时间的长短不仅关系到了货款的机会成本,还影响了国与国之间的贸易分工(Nordas et al.,2006)(Hummels and Schaur,2013)。

物流体系的完善并不是仅仅意味着国家是否具有良好的基础设施,相关政府部门之间的协调是发挥基础设施作用的重要保证,政府部门间的相互沟通才可以达到基础设施之间更好的联通性。摩洛哥的港口物流改革大大促进了其物流效率,促进了其出口欧洲(特别是纺织、电子和汽车零部件)的时效性。摩洛哥的世界物流排名从2007年的第113名跃升至2012年的第50名。

高效的物流体系不仅有利于降低相关国家的贸易成本,更重要的是高效的物流体系可以实现全球价值链效率的提升。成本降低和效率提高有利于发展中国家更好地接入全球价值链,进而提升其属权出口增加值量。

第三节 加强中小企业全球价值链参与度,提升属权出口增加值量

中小企业参与全球价值链分工对发展中国家而言至关重要。由于,中小企业包含了更多的本国要素,加强中小企业全球价值链参与度,有利于提升属权出口增加值量。同时,中小企业的发展也有利于解决全球化过程中的收入不平等问题。

中小企业是所有经济体,包括发达国家和发展中国家的支柱。在高收入国家,中小企业承担了大部分私营经济活动,占就业的60%以上,占国内生产总值的50%。在低收入国家,中小企业为扩大就业、社会稳定和减少贫困做出了重大贡献。在新兴经济体中,中小企业平均贡献了50%以上的就业和40%的国内生产总值。

中小企业在出口中具有积极的作用。简单地核算中小企业的直接出口，往往会低估中小企业在全球价值链中的参与程度。中小企业对出口的直接和间接贡献，大大增强了它们的重要性。在许多经合组织国家中，小企业占国内出口增加值总额的一半以上，其中大部分的出口是通过大企业的交易渠道。

全球价值链是一个"大公司故事"，以跨国公司为主要参与者，但是我们不能低估了中小企业中全球价值链的重要性和参与度，这些公司往往为其国内的出口公司提供中间产品，因此，此类企业间接地融入全球价值链。Slaughter(2013)发现，典型的美国跨国公司从 6 000 多家美国中小企业(SME)购买超过 30 亿美元的投入，相当于占这些公司购买总投入的 25%。美国的数据显示，2007 年，考虑到这种间接出口时，中小企业的出口份额从约 28%(在出口总额中)增加至 41%(在增值出口中)(USITC，2010)。

中小企业在全球价值链中可以更好地利用信息通信技术，包括互联网和移动通信，实现全球价值链的接入。互联网大大降低了中小企业在全球和国内寻找买家的成本。同样，中小企业和新公司在出口技术密集型货物比传统货物中占有更大的优势。如今，已经有一些所谓的微型跨国公司开始涌现，即从一开始就是全球化的小型年轻公司。

新的 ICT 工具[①]帮助中小企业实现跨境电子商务的发展。越来越多的低收入国家中小企业使用互联网实现跨境销售，获取 ICT 工具是小公司参与电子商务的关键，这也是低成本从事贸易的一种方式。2014 年，全球电子商务规模达 1.5 万亿美元，并且每年以 25%的速度增长，该速度在亚太、中东和北非地区增长更快。电子商务规模可能更大，而且大部分是出口贸易。到 2020 年，全球电子销售额将达到 10 万亿美元，电子商务年增长率为 20%，电子商务年增长率为 7.7%。其中大部分的增长将来自数字技术不断持续更新的新兴市场。这些中小企业的发展都有利于出口增加值中本国要素的实现。

电子商务的发展使得中小企业接入全球价值链更为便利，使得中小企

---

① 例如，Skype 用于通信，Google 和 Dropbox 用于文件共享，LinkedIn 用于寻找人才，PayPal 用于交易，eBay 和亚马逊网站用于销售。

业的销售变得越来越国际化。例如,在意大利从事电子商务的所有公司中,有56%将产品出售给其他欧盟国家,38%出售给欧盟以外的国家。在英国从事电子商务的所有公司中,有34%出售给欧盟以外的国家,在法国和德国则有大约24%(经合组织,2014年)。

高增长潜力的中小企业可能随着时间的推移成长为全球价值链的领先企业。高增长的潜在中小企业可能会看到新的商机拓展海外(OECD,2008),在通常情况下,处于技术前沿的中小企业或生产高附加值零部件的中小企业,可以直接实现国际化(Farole and Winkler, 2014)。所以本国政府应创造更为宽松的政策环境、放开市场管制、优化要素市场来发展中小企业,给中小企业更多的机会来接入全球价值链,进而创造出更多的属权出口增加值量。

构建便捷全球价值链的条件是提高基础设施质量,缩短物流时间,发展中小企业是便捷全球价值链的参与主体。中小企业的发展、高质量的基础设施、高效的物流体系是发展中国家提升属权增加值的关键。

当前贸易不平衡问题日益受到国际社会的重视。在这种形势下,作为贸易大国和顺差大国,中国需要更好地厘清自身在全球价值链中的地位和作用,看清自身的属权出口增加值状况,分析好自身在国际贸易谈判中的"进攻利益"和"防守利益"。中国经济的高速增长在于充分利用了经济全球化的历史机遇。然而,今天世界经济中正在出现一系列新的变化,特别是经济全球化出现了新的动向,全球多边体制的推进受阻,区域经济一体化广泛发展。有效地应对外部环境的变化,是中国在新阶段上争取有利的外部环境的主题。中国需要积极参与全球多边贸易体制的谈判,发挥经济与贸易大国的积极作用,承担大国责任,积极参与全球化的制度建设,推进全球治理,以合作求共赢。同时,中国也要积极应对全球区域一体化的趋势,积极推动区域合作,营造更有利的外部环境。中国需要在全球及多边的制度建设上体现话语权和影响力,这是一个经济强国的体现。中国需要积极参与国际政策协调,实现自身以贸易拉动经济增长的发展模式的调整,扩大进口,既创造与国际社会的和谐,又更有利于国内经济的发展,从而成为世界经济中有影响力的、负责任的和推动合作共赢的经济贸易强国。

附录 2010—2018年中国贸易增加值统计概况

附录1 2010—2018年中国出口总值与出口增加值的发展态势

年份		货物出口			服务贸易出口	总出口	与GDP比率(%)
		加工贸易出口	一般贸易出口	货物出口合计			
2010	出口总值	7 402.8	8 374.7	15 777.5	1 702.5	17 480	28.9
	出口增加值	2 867.8	6 683.5	9 551.3	1 433.1	10 984.4	18.2
2011	出口总值	8 345.3	10 638.5	18 983.8	1 820.9	20 804.7	27.8
	出口增加值	3 239.7	8 467.2	11 706.9	1 537.7	13 244.6	17.7
2012	出口总值	8 626.9	11 860.9	20 487.8	1 904.4	22 392.2	26.5
	出口增加值	3 448.5	9 850.3	13 298.8	1 638.9	14 937.7	17.7
2013	出口总值	8 600.4	13 489.6	22 090	2 105.9	24 195.9	25.5
	出口增加值	3 391.7	11 190.4	14 582.1	1 817	16 399.1	17.3
2014	出口总值	8 842.2	14 580.7	23 422.9	1 897.8	25 320.7	24.3
	出口增加值	3 472.7	12 058	15 530.7	1 632.4	17 163.1	16.4
2015	出口总值	7 975.3	14 759.4	22 734.7	1 973.5	24 708.2	22.4
	出口增加值	3 273.9	12 522.9	15 796.9	1 770.9	17 567.8	16
2016	出口总值	7 153.5	13 822.9	20 976.4	1 894.7	22 871.1	20.5
	出口增加值	2 918.6	11 728.3	14 646.9	1 700.5	16 347.4	14.7
2017	出口总值	7 588.3	15 046.9	22 635.2	1 884	24 519.2	20.2
	出口增加值	3 106	12 745	15 851	1 689.7	17 540.7	14.4
2018	出口总值	7 971.7	16 902.3	24 874	2 161.4	27 035.4	19.9
	出口增加值	3 297.6	14 257.4	17 554.9	1 938.8	19 493.8	14.3

数据来源：商务部，《全球价值链与中国贸易增加值核算研究报告》。

附录 2　中国与主要贸易伙伴的出口增加值变化趋势

年份		美国	欧盟	东盟	日本	韩国	印度	澳大利亚	新西兰
2010	出口总值	2 833	3 112	1 382	1 210	688	409	—	—
	出口增加值	1 599	2 065	869	705	400	284	—	—
2011	出口总值	3 245	3 560	1 701	1 483	829	505	—	—
	出口增加值	1 877	2 394	1 106	884	492	353	—	—
2012	出口总值	3 518	3 340	2 043	1 516	877	477	—	—
	出口增加值	2 175	2 206	1 399	921	511	345	—	—
2013	出口总值	3 684	3 376	2 440	1 501	912	484	—	—
	出口增加值	2 303	2 272	1 698	923	534	352	—	—
2014	出口总值	3 961	3 708	2 720	1 494	1 003	542	391	47
	出口增加值	2 487	2 518	1 911	921	604	396	272	35
2015	出口总值	4 092	3 558	2 773	1 356	1 013	582	403	49
	出口增加值	2 687	2 496	2 063	877	647	440	287	37
2016	出口总值	3 851	3 390	2 560	1 293	937	584	373	48
	出口增加值	2 539	2 387	1 889	843	606	437	267	36
2017	出口总值	4 297	3 720	2 795	1 373	1 027	680	414	51
	出口增加值	2 858	2 625	2 050	902	670	515	297	39
2018	出口总值	4 784	4 086	3 192	1 471	1 088	767	473	58
	出口增加值	3 220	2 910	2 376	982	721	585	345	44

数据来源：商务部，《全球价值链与中国贸易增加值核算研究报告》。

附录 3　贸易伙伴出口到中国的增加值（每 1 000 美元）

年份	美国	欧盟	日本	韩国	印度	澳大利亚	新西兰
2010	871	725	795	491	815	—	—
2011	853	726	794	540	798	—	—
2012	860	740	786	512	796	—	—
2013	861	712	784	534	786	—	—
2014	848	727	760	625	745	846	745
2015	862	788	750	639	732	843	748

续表

年份	美国	欧盟	日本	韩国	印度	澳大利亚	新西兰
2016	861	790	752	640	746	869	754
2017	861	788	755	639	728	867	747
2018	860	788	755	641	717	847	791

数据来源：商务部，《全球价值链与中国贸易增加值核算研究报告》。

附录4　2010—2018年总值核算与增加值核算之间的区别

年份		美国	欧盟	日本	韩国	印度	澳大利亚	新西兰
2010	总值差额(1)	1 812	1 428	−557	−695	201	—	—
	增加值差额(2)	788	845	−649	−279	114	—	—
	贸易差额变动率(%)	−57	−41	17	−60	−43	—	—
2011	总值差额(1)	2 024	1 448	−463	−798	271	—	—
	增加值差额(2)	927	862	−606	−387	166	—	—
	贸易差额变动率(%)	−54	−40	31	−52	−39	—	—
2012	总值差额(1)	2 189	1 219	−262	−810	289	—	—
	增加值差额(2)	1 132	694	−427	−322	201	—	—
	贸易差额变动率(%)	−48	−43	63	−60	−30	—	—
2013	总值差额(1)	2 161	1 178	−121	−919	314	—	—
	增加值差额(2)	1 107	706	−304	−409	223	—	—
	贸易差额变动率(%)	−49	−40	151	−55	−29	—	—
2014	总值差额(1)	2 370	1 266	−135	−898	378	−585	−48
	增加值差额(2)	1 223	743	−263	−543	283	−554	−35
	贸易差额变动率(%)	−48	−41	95	−40	−25	−5	−27
2015	总值差额(1)	2 614	1 470	−73	−732	448	−332	−16
	增加值差额(2)	1 494	942	−150	−408	348	−332	−12
	贸易差额变动率(%)	−43	−36	105	−44	−22	0	−25

续表

年份		美国	欧盟	日本	韩国	印度	澳大利亚	新西兰
2016	总值差额(1)	2 507	1 309	−164	−653	466	−336	−23
	增加值差额(2)	1 454	840	−207	−356	355	−317	−17
	贸易差额变动率(%)	−42	−36	26	−45	−24	−6	−26
2017	总值差额(1)	2 758	1 270	−285	−749	517	−536	−43
	增加值差额(2)	1 616	805	−303	−405	404	−488	−31
	贸易差额变动率(%)	−41	−37	6	−46	−22	−9	−28
2018	总值差额(1)	3 233	1 351	−266	−958	579	−581	−53
	增加值差额(2)	1 970	878	−330	−527	459	−510	−40
	贸易差额变动率(%)	−39	−35	24	−45	−21	−12	−25

数据来源：商务部，《全球价值链与中国贸易增加值核算研究报告》。

参 考 文 献

一、中文部分

1. 白重恩、钱震杰：《谁在挤占居民的收入——中国国民收入分配格局分析》，《中国社会科学》2009 年第 5 期。
2. 白重恩、王鑫、钟笑寒：《出口退税政策调整对中国出口影响的实证分析》，《经济学》2011 年第 3 期。
3. 毕玉江：《实际有效汇率对我国商品进出口的影响——基于标准国际贸易分类的实证研究》，《世界经济研究》2005 年第 6 期。
4. 曾卫锋：《中国加工贸易发展机制的实证研究》，《财贸经济》2006 年第 3 期。
5. 陈六傅、钱学锋、刘厚俊：《人民币实际汇率波动风险对我国各类企业出口的影响》，《数量经济技术经济研究》2007 年第 7 期。
6. 陈平、黄健梅：《我国出口退税效应分析：理论与实证》，《管理世界》2003 年第 12 期。
7. 戴觅、施炳展：《中国企业层面有效汇率测算：2000—2006》，《世界经济》2013 年第 5 期。
8. 戴觅、余淼杰：《中国出口企业生产率之谜：加工贸易的作用》，《经济学》2014 年第 2 期。
9. 范爱军、林琳：《中国工业品国际竞争力实证研究》，《世界经济》2006 年第 11 期。
10. 谷宇、高铁梅：《人民币汇率波动性对中国进出口影响的分析》，2007 年《世界经济》第 10 期。
11. 郭树清：《改革以来我国国民收入使用情况分析》，《中国社会科学院研究生院学报》1991 年第 6 期。

12. 李宏彬、马弘、熊艳艳、徐嫄：《人民币汇率对企业进出口贸易的影响——来自中国企业的实证研究》，《金融研究》2011年第2期。
13. 李慧慧、刘璐：《人民币升值的中国贸易影响——基于CGE模型的分析》，《金融经济》2007年第20期。
14. 李培林、李炜：《近年来农民工的经济状况和社会态度》，《中国社会科学》2010年第1期。
15. 梁中华、余淼杰：《人民币升值与中国出口企业盈利能力——基于面板数据的实证分析》，《金融研究》2014年第7期。
16. 林毅夫、蔡昉、李周：《中国的奇迹——发展战略与经济改革》，格致出版社2014年增订版。
17. 隆国强：《调整出口退税政策的效应分析》，《国际贸易》1998年第7期。
18. 卢向前、戴国强：《人民币实际汇率波动对我国进出口的影响：1994—2003》，《经济研究》2005年第5期。
19. 罗长远、张军：《附加值贸易：基于中国的实证分析》，《经济研究》2014年第6期。
20. 罗长远、张军：《劳动收入占比下降的经济学解释——基于中国省级面板数据的分析》，《管理世界》2009年第5期。
21. 潘红宇：《汇率波动率与中国对主要贸易伙伴的出口》，《数量经济技术经济研究》2007年第2期。
22. 裴长洪：《论转换出口退税政策目标》，《财贸经济》2008年第2期。
23. 权衡：《当代中国"劳动-资本"关系的实践发展与理论创新》，《复旦学报》（社会科学版）2015年第5期。
24. 苏振东、洪玉娟：《中国出口企业是否存在"利润率溢价"？——基于随机占优和广义倾向指数匹配方法的经验研究》，《管理世界》2013年第5期。
25. 童百利、单瑜：《出口退税对我国出口商品结构的实证分析》，《云南财贸学院学报》（社会科学版）2007年第4期。
26. 童锦治、赵川、孙健：《出口退税、贸易盈余和外汇储备的一般均衡分析与中国的实证》，《经济研究》2012年第4期。

27. 王根蓓：《论中间品贸易存在条件下国内税收、出口退税与汇率调整对出口企业最优销量的影响》，《世界经济》2006 年第 6 期。
28. 王孝松、李坤望、包群、谢申祥：《出口退税的政策效果评估——来自中国纺织品对美出口的经验证据》，《世界经济》2010 年第 4 期。
29. 王永进、盛丹：《要素积累、偏向型技术进步与劳动收入占比》，《世界经济文汇》2010 年第 4 期。
30. 魏巍贤：《人民币升值的宏观经济影响评价》，《经济研究》2006 年第 4 期。
31. 谢建国、陈漓高：《人民币汇率与贸易收支：协整研究与冲击分解》，《世界经济》2002 年第 9 期。
32. 谢建国、陈莉莉：《出口退税与中国的工业制成品出口：一个基于长期均衡的经验分析》，《世界经济》2008 年第 5 期。
33. 严才明：《我国出口退税政策效应分析》，《涉外财务》2007 年第 3 期。
34. 姚重远：《加工贸易出口税收政策分析》，《税务研究》2009 年第 1 期。
35. 余淼杰：《中国的贸易自由化与制造业企业生产率：来自企业层面的实证分析》，《经济研究》2010 年第 12 期。
36. 张二震、方勇：《要素分工与中国开放战略的选择》，《南开学报》2005 年第 6 期。
37. 张幼文：《扩大内需与对外开放——论生产要素从引进、释放到培育的战略升级》，《毛泽东邓小平理论研究》2009 年第 2 期。
38. 张幼文：《中国道路的国际内涵——体制创新、开放特征及其世界影响》，《毛泽东邓小平理论研究》2013 年第 1 期。
39. 张幼文：《经济全球化与国家经济实力——以"新开放观"看开放效益的评估方法》，《国际经济评论》2005 年第 10 期。
40. 张幼文：《全球化经济形成机制与本质分析》，《上海财经大学学报》2006 年第 10 期。
41. 张幼文：《要素集聚与中国在世界经济中的地位》，《学术月刊》2007 年第 3 期。
42. 张幼文：《从廉价劳动力优势到稀缺要素优势——论"新开放观"的理论

基础》,《南开学报》2005 年第 6 期。
43. 张幼文等:《要素流动与全球化经济学原理》,人民出版社 2013 年版。
44. 章江益、张二震:《贸易投资一体化条件下贸易利益分配问题新探——兼论我国外资企业进出口贸易利益》,《世界经济研究》2003 年第 9 期。
45. 郑桂环、汪寿阳:《出口退税结构性调整对中国出口主要行业的影响》,《管理学报》2005 年第 4 期。
46. 中国科学院课题组:《全球价值链与中国贸易增加值核算研究报告》,http://images.mofcom.gov.cn/www/201412/20141226182657100.pdf。
47. 周明海、肖文、姚先国:《企业异质性、所有制结构与劳动收入份额》,《管理世界》2010 年第 10 期。
48. 周琢、陈钧浩:《外资企业生产出口过程中的贸易增加值构成研究——以生产要素的国别属性为视角》,《世界经济研究》2013 年第 5 期。
49. 祝坤福、陈锡康、杨翠红:《中国出口的国内增加值及其影响因素分析》,《国际经济评论》2013 年第 4 期。

二、英文部分

1. Arkolakis, C., and Ananth Ramanarayanan, 2009, "Vertical Specialization and International Business Cycle Synchronization", *Scandinavian Journal of Economics*, Wiley Blackwell, Vol. 111(4), pp.655 – 680, Decembe.
2. Arndt, S. W. and Kierzkowski, H., eds., 2001, "Fragmentation: New Production Patterns", in *The World Economy*, Oxford University Press.
3. Avinash K. Dixit and Gene M. Grossman, 1982, "Trade and Protection with Multistage Production", *Review of Economic Studies*, Oxford University Press, Vol. 49(4), pp.583 – 594.
4. Balassa, B., 1967, "Trade Liberalization Among Industria! Countries: Objectives and Alternatives" (New York: McGraw Hill for the Council on Foreign Relations).

5. Balassa, B., 1965, "Trade Liberalization and Revealed Comparative Advantage", *Manchester School of Economic and Social Studies*, 33, pp.99-123.
6. Balassa, B., 1989, "'Revealed' Comparative Advantage Revisited", in B. Balassa (ed.), *Comparative Advantage, Trade Policy and Economic Development*, New York University Press, New York, pp.63-79.
7. Baldwin, J. R., and B. Yan, 2014, "Global Value Chains and the Productivity of Canadian Manufacturing Firms", *Economic Analysis Research Paper*, Series 90, Ottawa: Statistics Canada.
8. Baldwin, Richard & Venables, Anthony J., 2013, "Spiders and Snakes: Offshoring and Agglomeration in the Global Economy", *Journal of International Economics*, Elsevier, Vol. 90(2), pp.245-254.
9. Baldwin, Richard, 2012, "Global Supply Chains: Why They Emerged, why They Matter, and where They are Going", *CEPR Discussion Papers* 9103, C.E.P.R. Discussion Papers.
10. Bentolila Samuel and Saint-Paul Gilles, 2003, "Explaining Movements in the Labor Share", *The B. E. Journal of Macroeconomics*, De Gruyter, Vol. 3(1), pp.1-33.
11. Bernhofen, Daniel M. & El-Sahli, Zouheir & Kneller, Richard, 2016, "Estimating the Effects of the Container Revolution on World Trade", *Journal of International Economics*, Elsevier, Vol. 98(C), pp.36-50.
12. Brander, J., 1981, "Intra-industry Trade in Identical Commodities", *Journal of International Economics*, 11 (1), pp.1-14.
13. Brander, J. and Spencer, B., 1985, "Export Subsidies and International Market Share Rivalry," *Journal of International Economics*, 18(1-2), pp.83-100.
14. Brander, J. and Spencer, B., 1983, "Strategic Commitment with R & D: The Symmetric Case," *Bell Journal of Economics*, 14 (1), pp.225-235.

15. Brander, J. and Spencer, B., 1984, "Trade Warfare: Tariffs and Cartels," *Journal of International Economics*, 16(3-4), pp.227-242.
16. Chao, C., Yu, E. S. H and Yu, W., 2006, "China's Import Duty Drawback and VAT Rebate Policies: A General Equilibrium Analysis," *China Economic Review*, 17(4), pp.432-448.
17. Chen, C.; Mai, C. and Yu, H., 2006, "The Effect of Export Tax Rebates on Export Performance: Theory and Evidence from China," *China Economic Review*, 17(2), pp.226-235.
18. Crinò, R., 2010, "Employment Effects of Service Offshoring: Evidence from Matched Firms", *Economics Letters*, 107(2), 253-256.
19. Crozet, Matthieu and Trionfetti, Federico, 2013, "Firm-level Comparative Advantage", *Journal of International Economics*, Elsevier, Vol. 91(2), pp.321-328.
20. David Hummels, 2007, "Transportation Costs and International Trade in the Second Era of Globalization", *Journal of Economic Perspectives*, Summer, American Economic Association, Vol. 21(3), pp.131-154.
21. David L. Hummels & Georg Schaur, 2013, "Time as a Trade Barrier", *American Economic Review*, American Economic Association, December, Vol. 103(7), pp.2935-2959.
22. De Backer and Yamano, 2007, *The Measurement of Globalisation Using International Input-Output Tables*, OECD STI Working Paper, No. 2007/8.
23. Dedrick, J., K. L. Kraemer and G. Linden, 2010, "Who Profits From Innovation in Global Value Chains?: A Study of the iPod And Notebook PCs", *Industrial and Corporate Change*, 19(1): 81-116.
24. Dixit, A., 1979, "A Model of Duopoly Suggesting a Theory of Entry-barriers," *Bell Journal of Economics*, 10(1), pp.20-32.
25. Dixit, A. and Stiglitz, J. E., 1977, "Monopolistic Competition and Optimum Product Diversity," *The American Economic Review*,

67(3), pp.297 - 308.

26. Eckaus, R., 2004, "Should China Appreciate the Yuan." MIT Department of Economics, Working Paper Series Working Paper, January 15, pp.1 - 19.

27. Escaith, Hubert & Lindenberg, Nannette & Miroudot, Sébastien, 2010, "International Supply Chains and Trade Elasticity in Times of Global Crisis", WTO Staff Working Papers ERSD - 2010 - 08, World Trade Organization (WTO), Economic Research and Statistics Division.

28. Feenstra, R. C. and Hanson, G. H., 1996, "Globalization, Outsourcing, and Wage Inequality", *American Economic Review* 86(2), 240 - 245.

29. Freund, C, and Nadia Rocha, 2010, "What Constrains Africa's Exports?", World Bank Policy Research Working Paper 5184.

30. Gereffi, Gary, 1994, "The Organization of Buyer-Driven Global Commodity Chains: How US Retailers Shape Overseas Production Networks", in G. Gereffi & M. Korzeniewicz (Eds.), *Commodity Chains and Global Capitalism* (pp.95 - 122): Praeger Publishers.

31. Gereffi, 1999, "International Trade and Industrial Upgrading in the Apparel Commodity Chain", *Journal of International Economics*, 48(1), pp.37 - 70.

32. Glass, Amy Jocelyn and Saggi, Kamal, 2001, "Innovation and Wage Effects of International Outsourcing", *European Economic Review*, January, Elsevier, Vol. 45(1), pp.67 - 86.

33. Grossman, Gene M. and Esteban Rossi-Hansberg, 2008, "Trading Tasks: A Simple Theory of Offshoring", *American Economic Review*, December, American Economic Association, Vol. 98(5), pp.1978 - 1997.

34. Grossman, Gene M. and Helpman, Elhanan, 2004, "Managerial Incentives and the International Organization of Production", *Journal of International Economics*, July, Elsevier, Vol. 63(2), pp.237 - 262.

35. Helpman, Elhanan, 1984, "The Factor Content of Foreign Trade",

Economic Journal, *Royal Economic Society*, March, Vol. 94 (373), pp.84 – 94.

36. Hummels, D., Ishii, J. and Yi, K. - M., 2001, "The Nature and Growth of Vertical Specialization in World Trade", *Journal of International Economics*, 54(1), pp.75 – 96.

37. Hummels, D., Ishii, J. and Yi, K. - M., 2001, "The Nature and Growth of Vertical Specialization in World Trade", *Journal of International Economics*, 54(1), pp.75 – 96.

38. Humphrey, John and Memedovic, Olga, *The Global Automotive Industry Value Chain: What Prospects for Upgrading by Developing Countries*, UNIDO Sectorial Studies Series Working Paper, Available at SSRN: https://ssrn.com/abstract = 424560 or http://dx.doi.org/10.2139/ssrn.424560.

39. Ishii, J and Kei-Mu Yi, 1997, "The Growth of World Trade", Research Paper 9718, Federal Reserve Bank of New York.

40. Ito, B., Tomiura, E. and Wakasugi, R., 2011, "Offshore Outsourcing and Productivity: Evidencefrom Japanese Firm-level Data Disaggregated by Tasks", *Review of International Economics*, 19(3), pp.555 – 567.

41. Jeffrey A. Frankel & Shang-Jin Wei, 2007, "Assessing China's Exchange Rate Regime", *Economic Policy*, July, CEPR;CES;MSH, Vol. 22, pp.575 – 627.

42. Johnson, R. C. and Noguera, G., 2012a, "Accounting for Intermediates: Production Sharing and Trade in Value Added", *Journal of International Economics*, 86(2), pp.224 – 236.

43. Kee, H., Looi and Heiwai Tang, 2016, "Domestic Value Added in Exports: Theory and Firm Evidence from China", *American Economic Review*, June, American Economic Association, Vol.106(6), pp.1402 – 1436.

44. Kei-Mu Yi, 2003, "Can Vertical Specialization Explain the Growth of

World Trade?", *Journal of Political Economy*, February, University of Chicago Press, Vol. 111(1), pp.52-102.

45. Koopman, R., Wang, Z. and Wei, S.-J., 2014, "Tracing Value-added and Double Counting in Gross Exports", *The American Economic Review*, February, Vol. 104, No. 2, pp.459-494.

46. Koopman, R., Wang, Z. and Wei, S.-J., 2014, "Tracing Value-added and Double Counting in Gross Exports", *American Economic Review*, 104(2), pp.459-494.

47. Krugman P., 1984, "Import Protection as Export Promotion: International Competition in the Presence of Oligopoly and Economies of Scale", in H. Kierzkowski (eds.), *Monopolistic Competition in International Trade*, Oxford: University Press, pp.180-193.

48. Krugman, Paul, 1980, "Scale Economies, Product Differentiation, and the Pattern of Trade", *American Economic Review*, December, American Economic Association, Vol. 70(5), pp.950-959.

49. Lee, H. L., Padmanabhan, V., & Whang, S., 1997, "Information Distortion in a Supply Chain: The Bullwhip Effect", *Management Science*, 43 (4), pp.546-558.

50. Li, C. and Whalley, J., 2012, "Rebalancing and the Chinese VAT: Some Numerical Simulation Results," *China Economic Review*, 23(2), pp.316-324.

51. Limao, N., & Venables, A.J., 2001, "Infrastructure, Geographical Disadvantage, Transport Costs, and Trade", *The World Bank Economic Review*, 15, No. 3, pp.451-479.

52. Linden, G., L. Kraemer, and J. Dedrick, 2007, "Who Captures Value in a Global Innovationsystem: The Case of Apple's iPod", Irvine CA: Personal Computing Industry Center.

53. Ma, Hong, Wang, Zhi and Zhu, Kunfu, 2015, "Domestic Content in China's Exports and its Distribution by Firm Ownership", *Journal of*

Comparative Economics, Elsevier, Vol. 43(1), pp.3-18.
54. Mah, J. S., 2007, "The Effect of Duty Drawback on Export Promotion: The Case of Korea", *Journal of Asian Economics*, 18(6), pp.967-973.
55. Melitz, M. J., 2003, "The Impact of Trade on Intra-Industry Reallocations and Aggregate Industry Productivity", *Econometrica*, *Econometric Society*, November, Vol. 71(6), pp.1695-1725.
56. Nordas, H. K., 2006, "Time as a Trade Barrier: Implications for Low-income Countries", *OECD Economic Studies*, 1, pp.137-167.
57. Nordås, Hildegunn Kyvik & Piermartini, Roberta, 2004, "Infrastructure and Trade", WTO Staff Working Papers ERSD-2004-04, World Trade Organization (WTO), Economic Research and Statistics Division.
58. Olley, G. S., and A. Pakes, 1996, "The Dynamics of Productivity in the Telecommunications Equipment Industry", *Econometrica*, 64, pp.1263-1297.
59. Paul Krugman & Anthony J. Venables, 1995, "Globalization and the Inequality of Nations", *The Quarterly Journal of Economics*, Oxford University Press, Vol. 110(4), pp.857-880.
60. Qiu, L. D., 1995, "Strategic Trade Policy Under Uncertainty", *Review of International Economics*, 3(1), pp.75-85.
61. Singh, N. and Vives, X., 1984, "Price and Quantity Competition in a Differentiated Duopoly," *Rand Journal of Economics*, 15(4), pp.546-554.
62. Sturgeon, T. J. and Memedovic, O., 2010, *Mapping Global Value Chains: Intermediate Goods Trade and Structural Change in the World Economy*, Working Paper 05/2010, United Nations Industrial Development Organization (UNIDO).
63. Tanaka, K., 2011, "Vertical Foreign Direct Investment: Evidence from Japanese and U.S. Multinational Enterprises", *Japan and the World Economy*, 23(2), pp.97-111.

64. Temouri, Y., Vogel, A. and Wagner, J., 2013, "Self-selection into Export Markets by Business Services Firms: Evidence from France, Germany and United Kingdom," *Structural Change and Economic Dynamics*, 25(C), pp.146-158.
65. Timmer, B. Los, R. Stehrer and G. J. de Vries, 2013, "Fragmentation, Incomes and Jobs: An Analysis of European Competitiveness", *Economic Policy*, 28, pp.613-661.
66. Upward, Richard, Wang, Zheng and Zheng, Jinghai, 2013, "Weighing China's Export Basket: The Domestic Content and Technology Intensity of Chinese Exports", *Journal of Comparative Economics*, Elsevier, Vol. 41(2), pp.527-543.
67. Vogel, A. and Wagner, J., 2010, "Exports and Profitability: First Evidence for German Business Service Enterprises", *Applied Economics Quarterly*, 56(1), pp.7-30.
68. Vollrath T. and D. Huu Voo, 1989, *Investigating the Nature of Agricultural Competitiveness*, USDA, ERS Washington D.C.
69. Winkler, D. and Milberg, W., 2012, "Bias in the 'Proportionality Assumption' used in the Measurement of Offshoring", *World Economics*, 13(4), pp.39-60.
70. Yeats, A., 1998, *Just How Big is Global Production Sharing?*, World Bank Policy Research Working Paper.

图书在版编目(CIP)数据

增加值贸易要素收益的国民属性 / 周琢著 .— 上海：上海社会科学院出版社，2021
 ISBN 978 - 7 - 5520 - 3587 - 2

 Ⅰ.①增… Ⅱ.①周… Ⅲ.①贸易—研究 Ⅳ.①F7

中国版本图书馆 CIP 数据核字(2021)第 119294 号

增加值贸易要素收益的国民属性

著　　者：周　琢
责任编辑：张　晶
封面设计：黄婧昉
出版发行：上海社会科学院出版社
　　　　　上海顺昌路 622 号　邮编 200025
　　　　　电话总机 021 - 63315947　销售热线 021 - 53063735
　　　　　http://www.sassp.cn　E-mail:sassp@sassp.cn
排　　版：南京展望文化发展有限公司
印　　刷：上海颛辉印刷厂有限公司
开　　本：710 毫米×1010 毫米　1/16
印　　张：10.5
字　　数：154 千
版　　次：2021 年 9 月第 1 版　2021 年 9 月第 1 次印刷

ISBN 978 - 7 - 5520 - 3587 - 2/F・664　　　　定价：58.00 元

版权所有　翻印必究